Mediteranska kuhinja doma 2023

Odkrijte skrivnosti mediteranske kuhinje in navdušujte svojo družino s svojimi jedmi

Ema Jenko

Kazalo

Okusen Crabby Panini 9
Popolna pica in pecivo 11
Margherita Mediteranski model 14
Prenosni pakirani kosi za piknik 16
Fritata, polnjena z ostrimi bučkami in paradižnikovimi prelivi 17
Bananin kruh s kislo smetano 19
Domač pita kruh 21
Sendviči iz ploščatega kruha 23
Mezze krožnik s popečenim zaatar pita kruhom 25
Mini piščančja shawarma 27
Pica z jajčevci 29
Sredozemska polnozrnata pica 31
Peka iz špinače in feta pite 32
Lubenica feta & balzamična pica 34
Burgerji z mešanimi začimbami 35
Sendviči s pršutom - solato - paradižnikom in avokadom 37
Špinačna pita 39
Feta piščančji burgerji 41
Svinjska pečenka za takose 43
Italijanska torta iz jabolk in olivnega olja 45
Hitra tilapija z rdečo čebulo in avokadom 47
Ribe na žaru na limonah 49
Ribja večerja v ponvi med tednom 51
Hrustljave ribje palčke iz polente 53

Večerja na ponvi z lososom ... 55
Toskanski burgerji s tuno in bučkami ... 57
Sicilijanski ohrovt in skleda tune ... 59
Mediteranska enolončnica iz polenovke ... 61
Dušene školjke v omaki iz belega vina ... 63
Pomarančna in česnova kozica ... 65
Peka s pečenimi kozicami in njoki ... 67
Začinjena puttanesca s kozicami ... 69
Italijanski sendviči s tuno ... 71
Solatni zavitki iz kopra in lososa ... 73
Pizza pita iz belih školjk ... 75
Ribja moka iz pečenega fižola ... 77
Gobova polenovka ... 78
Začinjena mečarica ... 80
Sardelova pasta manija ... 82
Česnove testenine s kozicami ... 83
Losos z medom v kisu ... 85
Oranžna ribja moka ... 86
Zoodles s kozicami ... 87
Obrok iz špargljeve postrvi ... 88
Kale Olive Tuna ... 90
Ostre kozice z rožmarinom ... 92
Šparglji losos ... 94
Tunina solata z orehi ... 95
Kremna juha s kozicami ... 97
Začinjen losos z zelenjavno kvinojo ... 99
Gorčična postrv z jabolki ... 101

Njoki s kozicami 103

Saganaki kozica 105

Mediteranski losos 107

Maroški Tagine z zelenjavo 108

Zavitki iz čičerike in zelene solate 110

Zelenjavna nabodala na žaru 111

Polnjene gobe Portobello s paradižniki 113

Ovenelo regratovo zelenje s sladko čebulo 115

Zelena in gorčično zelenje 116

Pecivo z zelenjavo in tofujem 117

Preprosti Zoodles 119

Zavitki iz leče in paradižnika 120

Mediteranska zelenjavna skleda 122

Zavitek z zelenjavo in humusom na žaru 124

Španski stročji fižol 126

Rustikalna cvetača in korenček 127

Pečena cvetača in paradižnik 128

Pražena želodova buča 130

Dušena česnova špinača 132

Česnovo popečene bučke z meto 133

Dušena bamija 133

Sladke paprike, polnjene z zelenjavo 134

Musaka Jajčevci 137

Z zelenjavo polnjeni grozdni listi 139

Zvitki iz jajčevcev na žaru 141

Hrustljavi bučkini ocvrtki 143

Sirne špinačne pite 145

Grižljaji sendviča s kumarami 147

Jogurt Dip 148

Paradižnikova brusketa 149

Paradižnik, polnjen z olivami in sirom 151

Tapenada s poprom 152

Koriander Falafel 153

Humus rdeče paprike 155

Pomaka iz belega fižola 156

Humus z mleto jagnjetino 157

Pomaka iz jajčevca 158

Zelenjavni ocvrtki 159

Bulgur jagnječje mesne kroglice 161

Ugrizi kumar 163

Polnjen avokado 164

Zavite slive 165

Marinirana feta in artičoke 166

Kroketi iz tune 167

Dimljen losos Crudités 169

Olive, vložene s citrusi 170

Oljčna tapenada z inčuni 171

Grška vražja jajca 173

Manchego krekerji 175

Burrata Caprese Stack 177

Ocvrtki iz bučk in rikote z limonino-česnovimi aioli 178

Kumare, polnjene z lososom 180

Pašteta s kozjim sirom in skušo 181

Okus sredozemskih maščobnih bomb 183

Gazpačo iz avokada 184

Skodelice solate iz rakovega kolača 186

Pomarančno-pehtranov piščančji solatni zavitek 188

Feta in kvinoja polnjene gobe 190

Falafel s petimi sestavinami s česnovo-jogurtovo omako 192

Limonina kozica s česnovim oljčnim oljem 194

Hrustljavi krompirčki iz stročjega fižola z limonino-jogurtovo omako 196

Domač čips iz pita z morsko soljo 198

Pečena Spanakopita Dip 199

Pražena biserna čebulna pomaka 201

Tapenada iz rdeče paprike 203

Grške krompirjeve lupine z olivami in feto 205

Artičoke in olivno pita somun 207

Mini pecivo z rakovicami 209

Feta rulade iz bučk 211

S česnom pečen paradižnik in olive 213

Crostini s kozjim sirom in česnom 215

Okusen Crabby Panini

Čas priprave: 5 minut

Čas kuhanja: 10 minut

Obroki: 4

Težavnostna stopnja: enostavno

Sestavine:

- 1 žlica olivnega olja
- Francoski kruh, razrezan in diagonalno narezan
- 1 lb rakov s kozicami
- ½ skodelice zelene
- ¼ skodelice sesekljane zelene čebule
- 1 žlička Worcestershire omake
- 1 žlička limoninega soka
- 1 žlica dijonske gorčice
- ½ skodelice lahke majoneze

navodila:

V srednji skledi temeljito premešajte: zeleno, čebulo, worcestershire, limonin sok, gorčico in majonezo. Začinimo s poprom in soljo. Nato nežno dodajte mandlje in rakce.

Narezane stranice kruha namažite z oljčnim oljem in namažite z mešanico rakov, preden pokrijete z drugo rezino kruha.

Pecite sendvič v stiskalnici za Panini, dokler kruh ni hrustljav in naguban.

Hranilna vrednost (za 100 g): 248 kalorij 10,9 g maščobe 12 g ogljikovih hidratov 24,5 g beljakovin 845 mg natrija

Popolna pica in pecivo

Čas priprave: 35 minut

Čas kuhanja: 15 minut

Obroki: 10

Stopnja težavnosti: Težko

Sestavine:

- <u>Za testo za pico:</u>
- 2-žlički medu
- 1/4 oz. aktivni suhi kvas
- 11/4 skodelice tople vode (približno 120 °F)
- 2 žlici olivnega olja
- 1-žlička morske soli
- 3 skodelice polnozrnate moke + 1/4 skodelice, kolikor je potrebno za valjanje
- <u>Za preliv za pico:</u>
- 1 skodelica pesto omake
- 1 skodelica srčkov artičok
- 1 skodelica uvelih listov špinače
- 1 skodelica posušenega paradižnika
- 1/2 skodelice oliv Kalamata
- 4 oz. feta sir
- 4 oz. mešani sir iz enakih delov mocarele z nizko vsebnostjo maščob, asiago in provolone olivno olje

- <u>Izbirni dodatki za prelive:</u>
- paprika
- Piščančje prsi, trakovi Sveža bazilika
- Pinjole

navodila:

Za testo za pico:

Pečico segrejte na 350 °F.

V kuhinjskem robotu z nastavkom za testo razmešamo med in kvas s toplo vodo. Mešajte, dokler ni popolnoma združena. Mešanico pustimo počivati 5 minut, da zagotovimo aktivnost kvasa s pojavom mehurčkov na površini.

Prilijemo oljčno olje. Dodamo sol in mešamo pol minute. Postopoma dodajte 3 skodelice moke, približno pol skodelice naenkrat, med vsakim dodajanjem mešajte nekaj minut.

Pustite, da vaš procesor gnete zmes 10 minut, dokler ni gladka in elastična, in jo po potrebi posujte z moko, da preprečite, da bi se testo prijelo na površine posode procesorja.

Testo vzamemo iz sklede. Pustite stati 15 minut, pokrito z vlažno, toplo brisačo.

Testo razvaljamo na pol centimetra debelo, po potrebi ga potresemo z moko. Na testo brez razlikovanja z vilicami naredite luknje, da preprečite nabiranje skorje.

Naluknjano, razvaljano testo položite na kamen za pico ali pekač. Pečemo 5 minut.

Za preliv za pico:

Pečeno lupino pice rahlo premažite z olivnim oljem.

Prelijemo s pesto omako in dobro razporedimo po površini lupine pice, pri čemer pustimo pol centimetra prostora okoli njenega roba kot skorjo.

Pico obložite s srčki artičoke, listi uvele špinače, sušenimi paradižniki in olivami. (Po vrhu z več dodatki, po želji.) Po vrhu pokrijte s sirom.

Pico postavite neposredno na rešetko pečice. Pečemo 10 minut, dokler sir ne zabrbota in se stopi od sredine proti koncu. Pustite, da se pica ohladi 5 minut, preden jo narežete.

Hranilna vrednost (za 100 g): 242,8 kalorij 15,1 g maščob 15,7 g ogljikovih hidratov 14,1 g beljakovin 942 mg natrija

Margherita Mediteranski model

Čas priprave: 15 minut

Čas kuhanja: 15 minut

Obroki: 10

Stopnja težavnosti: Težko

Sestavine:

- 1-serija lupine za pico
- 2 žlici olivnega olja
- 1/2 skodelice zdrobljenega paradižnika
- 3-Roma paradižniki, narezani na 1/4-palčne debeline
- 1/2 skodelice svežih listov bazilike, narezanih na tanke rezine
- 6 oz. blok mocarele, narezan na 1/4-palčne rezine, posušite s papirnato brisačo
- 1/2 žličke morske soli

navodila:

Pečico segrejte na 450 °F.

Lupino pice rahlo premažite z olivnim oljem. Zdrobljene paradižnike temeljito razporedite po lupini pice, tako da pustite pol centimetra prostora okoli njenega roba kot skorjo.

Na vrh pice položite rezine romskega paradižnika, liste bazilike in rezine mocarele. Po pici potresemo sol.

Pico prenesite neposredno na rešetko pečice. Pečemo, dokler se sir ne stopi od sredine proti skorji. Pred rezanjem odstavite.

Hranilna vrednost (za 100 g): 251 kalorij 8 g maščob 34 g ogljikovih hidratov 9 g beljakovin 844 mg natrija

Prenosni pakirani kosi za piknik

Čas priprave: 5 minut

Čas kuhanja: 0 minut

Obroki: 1

Težavnostna stopnja: enostavno

Sestavine:

- 1 rezina polnozrnatega kruha, narezana na velike kose
- 10 kosov češnjevih paradižnikov
- 1/4 oz. staran sir, narezan
- 6 kosov v olju sušenih oliv

navodila:

Vsako sestavino zapakirajte v prenosno posodo, ki vam bo služila med prigrizkom na poti.

Hranilna vrednost (za 100 g): 197 kalorij 9 g maščob 22 g ogljikovih hidratov 7 g beljakovin 499 mg natrija

Fritata, polnjena z ostrimi bučkami in paradižnikovimi prelivi

Čas priprave: 10 minut

Čas kuhanja: 15 minut

Obroki: 4

Težavnostna stopnja: enostavno

Sestavine:

- 8 kosov jajc
- 1/4 žličke rdeče paprike, zdrobljene
- 1/4 žličke soli
- 1 žlica olivnega olja
- 1 kos majhne bučke, po dolžini narezane na tanke rezine
- 1/2 skodelice rdečih ali rumenih češnjevih paradižnikov, prepolovljenih
- 1/3 skodelice orehov, grobo sesekljanih
- 2 oz. sveže kroglice mocarele v velikosti grižljaja (bocconcini)

navodila:

Predgrejte brojlerja. Medtem v srednje veliki skledi stepemo jajca, mleto rdečo papriko in sol. Dati na stran.

V 10-palčni ponvi za brojlerje, ki jo postavite na srednje močan ogenj, segrejte oljčno olje. Rezine bučk v enakomerni plasti razporedite po dnu ponve. Kuhajte 3 minute, na polovici jih enkrat obrnite.

Plast bučk obložimo s češnjevimi paradižniki. Jajčno mešanico napolnite čez zelenjavo v ponvi. Po vrhu potresemo kroglice orehov in mocarele.

Preklopite na srednjo temperaturo. Kuhajte, dokler se stranice ne strdijo. Z lopatko dvignite fritajo, da se nekuhani deli jajčne mešanice stečejo spodaj.

Postavite ponev na brojlerja. Fritato pražite 4-palce od vročine 5 minut, dokler se vrh strdi. Za serviranje fritajo narežite na kolesca.

Hranilna vrednost (za 100 g): 284 kalorij 14 g maščob 4 g ogljikovih hidratov 17 g beljakovin 788 mg natrija

Bananin kruh s kislo smetano

Čas priprave: 10 minut

Čas kuhanja: 1 ura 10 minut

Obroki: 32

Stopnja težavnosti: povprečna

Sestavine:

- Beli sladkor (0,25 skodelice)
- Cimet (1 žlička + 2 žlički)
- Maslo (.75)
- Beli sladkor (3 skodelice)
- jajca (3)
- Zelo zrele banane, pretlačene (6)
- Kisla smetana (16 oz. posoda)
- Ekstrakt vanilije (2 žlički)
- Sol (0,5 žličke)
- Soda bikarbona (3 žličke)
- Večnamenska moka (4,5 skodelice)
- Neobvezno: sesekljani orehi (1 skodelica)
- Potrebno tudi: 4 - 7 x 3-palčne pekače za hlebce

navodila:

Pečico nastavite na 300°F. Pekače namastimo.

Presejte sladkor in eno čajno žličko cimeta. Pekač potresemo z mešanico.

Maslo penasto umešamo s preostankom sladkorja. Banane pretlačimo z jajci, cimetom, vanilijo, kislo smetano, soljo, sodo bikarbono in moko. Nazadnje dodajte orehe.

Zmes stresemo v pekače. Pečemo eno uro. Postrezite

Hranilna vrednost (za 100 g): 263 kalorij 10,4 g maščobe 9 g ogljikovih hidratov 3,7 g beljakovin 633 mg natrija

Domač pita kruh

Čas priprave: 15 minut

Čas kuhanja: 5 ur (vključno s časi naraščanja)

Obroki: 7

Stopnja težavnosti: Težko

Sestavine:

- Posušen kvas (0,25 oz.)
- Sladkor (0,5 žličke)
- Krušna moka/mešanica večnamenske in polnozrnate pšenice (2,5 skodelice + več za posip)
- Sol (0,5 žličke)
- Voda (0,25 skodelice ali po potrebi)
- Olje po potrebi

navodila:

V majhni posodi za mešanje raztopite kvas in sladkor v ¼ skodelice mlačne vode. Počakajte približno 15 minut (pripravljeno, ko je penasto).

V drugo posodo presejemo moko in sol. Na sredini naredite jamico in dodajte mešanico kvasa (+) eno skodelico vode. Zamesimo testo.

Položite ga na rahlo pomokano površino in pregnetite.

Na dno velike posode kanite kapljico olja in vanj razvaljajte testo, da pokrije površino.

Na posodo s testom položite navlaženo kuhinjsko krpo. Posodo ovijemo z vlažno krpo in postavimo na toplo za vsaj dve uri ali čez noč. (Testo bo podvojilo svojo velikost).

Testo preluknjamo in pregnetemo kruh ter ga razdelimo na majhne kroglice. Kroglice sploščite v debele ovalne kolute.

Kuhinjsko krpo potresemo z moko in nanjo položimo ovalne kolute, med katerimi pustimo dovolj prostora, da se razširijo. Poprašite z moko in na vrh položite drugo čisto krpo. Pustimo vzhajati še eno do dve uri.

Pečico nastavite na 425 ° Fahrenheita. V pečico postavite več pekačev, da se na kratko segrejejo. Segrete pekače rahlo namastimo z oljem in nanje položimo ovalne kruhove kolute.

Ovale rahlo poškropite z vodo in pecite, dokler rahlo ne porjavijo oziroma šest do osem minut.

Postrezite jih še tople. Somune razporedite po rešetki in jih zavijte v čisto, suho krpo, da ostanejo mehke za pozneje.

Hranilna vrednost (za 100 g): 210 kalorij 4 g maščobe 6 g ogljikovih hidratov 6 g beljakovin 881 mg natrija

Sendviči iz ploščatega kruha

Čas priprave: 10 minut

Čas kuhanja: 20 minut

Obroki: 6

Težavnostna stopnja: enostavno

Sestavine:

- Oljčno olje (1 žlica)
- Pilav iz 7 zrn (8,5 oz. pak.)
- Angleška kumara brez semen (1 skodelica)
- Paradižnik s semeni (1 skodelica)
- Zdrobljen feta sir (0,25 skodelice)
- Svež limonin sok (2 žlici)
- Sveže mlet črni poper (0,25 žličke)
- Navadni humus (7 oz. posoda)
- Zavitki iz polnozrnatega belega kruha (3 vsak po 2,8 oz.)

navodila:

Pilav skuhamo po navodilih na embalaži in ohladimo.

Sesekljajte in zmešajte paradižnik, kumaro, sir, olje, poper in limonin sok. Zložite pilaf.

Pripravite obloge s humusom na eni strani. Z žlico dodamo pilav in prepognemo.

Narežite na sendvič in postrezite.

Hranilna vrednost (za 100 g): 310 kalorij 9 g maščobe 8 g ogljikovih hidratov 10 g beljakovin 745 mg natrija

Mezze krožnik s popečenim zaatar pita kruhom

Čas priprave: 10 minut
Čas kuhanja: 10 minut
Obroki: 4
Stopnja težavnosti: povprečna

Sestavine:

- Polnozrnata pita v krogih (4)
- Oljčno olje (4 žlice)
- Zaatar (4 žličke)
- Grški jogurt (1 skodelica)
- Črni poper in košer sol (po vaši želji)
- Humus (1 skodelica)
- Marinirana srčka artičoke (1 skodelica)
- Različne olive (2 skodelici)
- Narezana pečena rdeča paprika (1 skodelica)
- Češnjev paradižnik (2 skodelici)
- Salama (4 oz.)

navodila:

Za segrevanje velike ponve uporabite srednjo do visoko temperaturo.

Pita kruh na vsaki strani rahlo namažite z oljem in dodajte zaatar za začimbo.

Pripravite v serijah, tako da pito dodate v ponev in pražite, dokler ne porjavi. Na vsaki strani naj traja približno dve minuti. Vsako pito narežite na četrtine.

Jogurt začinimo s poprom in soljo.

Za sestavljanje razdelite krompir in dodajte humus, jogurt, srčke artičok, olive, rdečo papriko, paradižnik in salamo.

Hranilna vrednost (za 100 g): 731 kalorij 48 g maščobe 10 g ogljikovih hidratov 26 g beljakovin 632 mg natrija

Mini piščančja shawarma

Čas priprave: 10 minut
Čas kuhanja: 1 ura 15 minut
Obroki: 8
Težavnostna stopnja: enostavno

Sestavine:

- Kokoš:
- Piščančji mehki (1 lb.)
- Oljčno olje (0,25 skodelice)
- Limona - lupina in sok (1)
- Kumina (1 žlička)
- Česen v prahu (2 žlički)
- Dimljena paprika (0,5 žličke)
- koriander (0,75 žličke)
- Sveže mleti črni poper (1 žlička)
- Omaka:
- Grški jogurt (1,25 skodelice)
- Limonin sok (1 žlica)
- Nariban strok česna (1)
- Sveže sesekljan koper (2 žlici)
- Črni poper (0,125 žličke/po okusu)
- Košer sol (po želji)
- Sesekljan svež peteršilj (0,25 skodelice)
- Rdeča čebula (polovica 1)

- Rimska solata (4 listi)
- Angleška kumara (polovica 1)
- paradižnik (2)
- Mini pita kruh (16)

navodila:

Piščanca stresite v vrečko z zadrgo. Piščančje ostanke stepemo in dodamo v vrečko, da se marinirajo do ene ure.

Pripravite omako tako, da v posodi zmešajte sok, česen in jogurt. Vmešajte koper, peteršilj, poper in sol. Postavite v hladilnik.

Segrejte ponev na srednji temperaturi. Prenesite piščanca iz marinade (pustite, da odvečna količina odteče).

Kuhajte, dokler niso popolnoma kuhani ali približno štiri minute na stran. Narežemo ga na za grižljaj velike trakove.

Kumaro in čebulo na tanko narežemo. Solato ostrgamo in paradižnik nasekljamo. Sestavite in dodajte pitam - piščanca, solato, čebulo, paradižnik in kumare.

Hranilna vrednost (za 100 g): 216 kalorij 16 g maščobe 9 g ogljikovih hidratov 9 g beljakovin 745 mg natrija

Pica z jajčevci

Čas priprave: 10 minut

Čas kuhanja: 30 minut

Obroki: 6

Stopnja težavnosti: povprečna

Sestavine:

- Jajčevci (1 velik ali 2 srednja)
- Olivno olje (0,33 skodelice)
- Črni poper in sol (po želji)
- Marinara omaka - kupljena/domača (1,25 skodelice)
- Nariban sir mozzarella (1,5 skodelice)
- Češnjev paradižnik (2 skodelici - prepolovljen)
- Natrgani listi bazilike (0,5 skodelice)

navodila:

Pečico segrejte na 400 ° Fahrenheita. Pripravite pekač s plastjo peki papirja.

Narežite konec/konce jajčevcev in jih narežite na ¾-palčne rezine. Rezine razporedimo po pripravljenem listu in jih z obeh strani namažemo z olivnim oljem. Poprašite s poprom in soljo po svojem okusu.

Jajčevce pražimo do mehkega (10 do 12 min.).

Pekač prestavite iz pečice in na vsak del dodajte dve žlici omake. Na vrh položite mocarelo in tri do pet kosov paradižnika.

Pečemo toliko časa, da se sir stopi. Paradižnik naj bi začel nastajati mehurje v približno petih do sedmih minutah.

Pekač vzamemo iz pečice. Postrezite in okrasite baziliko.

Hranilna vrednost (za 100 g): 257 kalorij 20 g maščobe 11 g ogljikovih hidratov 8 g beljakovin 789 mg natrija

Sredozemska polnozrnata pica

Čas priprave: 10 minut

Čas kuhanja: 25 minut

Obroki: 4

Težavnostna stopnja: enostavno

Sestavine:

- Polnozrnata skorja za pico (1)
- Pesto iz bazilike (4 oz. kozarec)
- Srčki artičok (0,5 skodelice)
- Olive Kalamata (2 žlici)
- Feferonini (2 žlici odcejene)
- Feta sir (0,25 skodelice)

navodila:

Programirajte pečico na 450 ° Fahrenheita.

Artičoke odcedite in razrežite na koščke. Feferončine in olive narežite/nasekljajte.

Pizzino skorjo razporedimo na pomokano delovno površino in jo premažemo s pestom. Po pici razporedite artičoke, rezine feferoncinov in olive. Na koncu zdrobite in dodajte feto.

Pečemo 10-12 minut. Postrezite.

Hranilna vrednost (za 100 g): 277 kalorij 18,6 g maščobe 8 g ogljikovih hidratov 9,7 g beljakovin 841 mg natrija

Peka iz špinače in feta pite

Čas priprave: 5 minut
Čas kuhanja: 22 minut
Obroki: 6
Stopnja težavnosti: Težko

Sestavine:

- Na soncu sušen paradižnikov pesto (6 oz. kad)
- Roma - slivov paradižnik (2 narezana)
- Polnozrnati pita kruh (Six 6-inch)
- Špinača (1 šopek)
- Gobe (4 rezine)
- Nariban parmezan (2 žlici)
- Zdrobljen feta sir (0,5 skodelice)
- Oljčno olje (3 žlice)
- Črni poper (po želji)

navodila:

Pečico nastavite na 350° Fahrenheita.

S čopičem namažite pesto na eno stran vsakega pita kruha in jih razporedite po pekaču (stran s pestom navzgor).

Špinačo oplaknite in nasekljajte. Pite obložite s špinačo, gobami, paradižniki, feta sirom, poprom, parmezanom, poprom in kančkom olja.

Pecite v vroči pečici, dokler pita kruh ni hrustljav (12 min.). Pitas narežemo na četrtine.

Hranilna vrednost (za 100 g): 350 kalorij 17,1 g maščobe 9 g ogljikovih hidratov 11,6 g beljakovin 712 mg natrija

Lubenica feta & balzamična pica

Čas priprave: 10 minut

Čas kuhanja: 15 minut

Obroki: 4

Težavnostna stopnja: enostavno

Sestavine:

- Lubenica (1 cm debela od sredine)
- Zdrobljen feta sir (1 oz.)
- Narezane olive Kalamata (5-6)
- Listi mete (1 žlička)
- Balzamična glazura (0,5 žlice)

navodila:

Najširši del lubenice prerežite na pol. Nato vsako polovico narežite na štiri rezine.

Postrezite na okroglem krožniku za pito kot krog za pico in obložite z olivami, sirom, metinimi lističi in glazuro.

Hranilna vrednost (za 100 g): 90 kalorij 3 g maščobe 4 g ogljikovih hidratov 2 g beljakovin 761 mg natrija

Burgerji z mešanimi začimbami

Čas priprave: 10 minut

Čas kuhanja: 30 minut

Obroki: 6

Stopnja težavnosti: povprečna

Sestavine:

- Srednja čebula (1)
- Svež peteršilj (3 žlice)
- Strok česna (1)
- Mleta piment (0,75 žličke)
- Poper (0,75 žličke)
- Mleti muškatni orešček (0,25 žličke)
- Cimet (0,5 žličke)
- Sol (0,5 žličke)
- Sveža meta (2 žlici)
- 90 % pusto mleto goveje meso (1,5 lb.)
- Po želji: hladna Tzatziki omaka

navodila:

Peteršilj, meto, česen in čebulo drobno sesekljajte/zmletite.

Stepite muškatni oreček, sol, cimet, poper, piment, česen, meto, peteršilj in čebulo.

Dodajte goveje meso in pripravite šest (6) 2x4-palčnih podolgovatih polpetov.

Uporabite srednjo temperaturo za pečenje polpetov na žaru ali jih pecite štiri centimetre od vročine 6 minut na stran.

Ko so končani, bo termometer za meso zabeležil 160° Fahrenheita. Po želji postrezite z omako.

Hranilna vrednost (za 100 g): 231 kalorij 9 g maščobe 10 g ogljikovih hidratov 32 g beljakovin 811 mg natrija

Sendviči s pršutom - solato - paradižnikom in avokadom

Čas priprave: 10 minut
Čas kuhanja: 10 minut
Obroki: 4
Težavnostna stopnja: enostavno

Sestavine:

- Pršut (2 oz./8 tankih rezin)
- Zrel avokado (1 prerezan na pol)
- Romaine solata (4 polni listi)
- Velik zrel paradižnik (1)
- Rezine polnozrnatega ali polnozrnatega kruha (8)
- Črni poper in košer sol (0,25 žličke)

navodila:

Solatne liste natrgajte na osem kosov (skupaj). Paradižnik narežite na osem krogov. Kruh popečemo in preložimo na krožnik.

Avokadovo meso postrgajte s kože in ga stresite v posodo za mešanje. Rahlo potresemo s poprom in soljo. Stepajte ali nežno pretlačite avokado, dokler ni kremast. Namažemo po kruhu.

Naredi en sendvič. Vzemite rezino avokadovega toasta; nanjo položimo list zelene solate, rezino pršuta in rezino paradižnika. Na vrh položite drugo rezino solate paradižnika in nadaljujte.

Postopek ponavljamo, dokler ne porabimo vseh sestavin.

Hranilna vrednost (za 100 g): 240 kalorij 9 g maščobe 8 g ogljikovih hidratov 12 g beljakovin 811 mg natrija

Špinačna pita

Čas priprave: 10 minut

Čas kuhanja: 60 minut

Obroki: 6

Stopnja težavnosti: povprečna

Sestavine:

- Stopljeno maslo (0,5 skodelice)
- Zamrznjena špinača (10 oz. pak.)
- Svež peteršilj (0,5 skodelice)
- Zelena čebula (0,5 skodelice)
- Svež koper (0,5 skodelice)
- Zdrobljen feta sir (0,5 skodelice)
- Kremni sir (4 oz.)
- Skuta (4 oz.)
- Parmezan (2 žlici - nariban)
- velika jajca (2)
- Poper in sol (po želji)
- Filo testo (40 listov)

navodila:

Pečico segrejte na 350 ° Fahrenheita.

Sesekljajte čebulo, koper in peteršilj. Odmrznite špinačo in liste testa. Špinačo posušite z ožemanjem.

V mešalniku zmešajte špinačo, čebulice, jajca, sire, peteršilj, koper, poper in sol, dokler ne postane kremasto.

Pripravite majhne filo trikotnike tako, da jih napolnite z eno čajno žličko špinačne mešanice.

Zunanjost trikotnikov rahlo premažemo z maslom in jih s šivi navzdol razporedimo na nenamaščen pekač.

Postavimo jih v segreto pečico, da se zlato zapečejo in napihnejo (20-25 min.). Postrezite vroče.

Hranilna vrednost (za 100 g): 555 kalorij 21,3 g maščobe 15 g ogljikovih hidratov 18,1 g beljakovin 681 mg natrija

Feta piščančji burgerji

Čas priprave: 10 minut

Čas kuhanja: 30 minut

Obroki: 6

Stopnja težavnosti: povprečna

Sestavine:

- ¼ skodelice majoneze z zmanjšano vsebnostjo maščob
- ¼ skodelice drobno sesekljane kumare
- ¼ žličke črnega popra
- 1 žlička česna v prahu
- ½ skodelice sesekljane pražene sladke rdeče paprike
- ½ žličke grške začimbe
- 1,5 lb pusto mlet piščanec
- 1 skodelica zdrobljenega feta sira
- 6 polnozrnatih burger žemljic

navodila:

Brojlerja vnaprej segrejte v pečici. Zmešajte majonezo in kumaro. Dati na stran.

Zmešajte vse začimbe in rdečo papriko za burgerje. Piščanca in sir dobro premešamo. Zmes oblikujte v 6 ½-palčnih polpetov.

Burgerje skuhajte v brojlerju in jih postavite približno štiri centimetre od vira toplote. Kuhajte, dokler termometer ne doseže 165 ° Fahrenheita.

Postrezite z žemljami in kumarično omako. Po želji okrasite s paradižnikom in zeleno solato ter postrezite.

Hranilna vrednost (za 100 g): 356 kalorij 14 g maščobe 10 g ogljikovih hidratov 31 g beljakovin 691 mg natrija

Svinjska pečenka za takose

Čas priprave: 10 minut

Čas kuhanja: 1 ura 15 minut

Obroki: 6

Stopnja težavnosti: povprečna

Sestavine:

- Svinjska pečenka iz plečk (4 lb.)
- Na kocke narezan zeleni čili (2-4 oz. pločevinke)
- Čili v prahu (0,25 skodelice)
- Posušen origano (1 žlička)
- Taco začimba (1 žlička)
- Česen (2 žlički)
- Sol (1,5 žličke ali po želji)

navodila:

Pečico nastavite na 300 ° Fahrenheita.

Pečeno položite na velik list aluminijaste folije.

Čilije odcedimo. Sesekljajte česen.

Zmešajte zeleni čili, začimbo za taco, čili v prahu, origano in česen. Mešanico namažite po pečenki in pokrijte s plastjo folije.

Zavito svinjino položite na rešetko za pečenje na pekač za piškote, da ujamete morebitno puščanje.

Pečemo ga 3,5 do 4 ure v vroči pečici, dokler ne razpade. Kuhajte, dokler sredina ne doseže vsaj 145 ° Fahrenheita, ko jo testirate s termometrom za meso (notranja temperatura).

Pečeno prenesite v rezilo, da jo z dvema vilicama razrežete na majhne koščke. Začinimo po želji.

Hranilna vrednost (za 100 g): 290 kalorij 17,6 g maščobe 12 g ogljikovih hidratov 25,3 g beljakovin 471 mg natrija

Italijanska torta iz jabolk in olivnega olja

Čas priprave: 10 minut

Čas kuhanja: 1 ura 10 minut

Obroki: 12

Stopnja težavnosti: povprečna

Sestavine:

- Gala jabolka (2 veliki)
- Pomarančni sok - za namakanje jabolk
- Večnamenska moka (3 skodelice)
- Mleti cimet (0,5 žličke)
- Muškatni oreščček (0,5 žličke)
- Pecilni prašek (1 žlička)
- Soda bikarbona (1 žlička)
- Sladkor (1 skodelica)
- Olivno olje (1 skodelica)
- velika jajca (2)
- Zlate rozine (.66 cup)
- Slaščičarski sladkor - za posipanje
- Potrebujemo tudi: 9-palčni pekač

navodila:

Jabolka olupimo in drobno nasekljamo. Jabolka pokapajte s ravno toliko pomarančnega soka, da ne porjavijo.

Rozine za 15 minut namočimo v topli vodi in dobro odcedimo.

Presejte sodo bikarbono, moko, pecilni prašek, cimet in muškatni oreŠček. Za zdaj ga postavite na stran.

V skledo stoječega mešalnika vlijemo olivno olje in sladkor. Mešajte na nizki stopnji 2 minuti ali dokler se dobro ne združi.

Med tekom mešajte, eno za drugim vlomite jajca in nadaljujte z mešanjem 2 minuti. Mešanica mora povečati prostornino; mora biti gosta - ne tekoča.

Vse sestavine dobro premešamo. V sredino mešanice moke naredite luknjo in vanjo dodajte mešanico oljk in sladkorja.

Jabolkom odstranite odvečni sok in odcedite rozine, ki so se namakale. Dodajte jih skupaj s testom in dobro premešajte.

Pripravite pekač s pergamentnim papirjem. Testo položimo na pekač in ga poravnamo s hrbtno stranjo lesene žlice.

Pečemo ga 45 minut pri 350° Fahrenheita.

Ko je torta pripravljena, odstranite peki papir in jo položite v servirni krožnik. Posujte s slaščičarskim sladkorjem. Segrejte temni med, da okrasite vrh.

Hranilna vrednost (za 100 g): 294 kalorij 11 g maščobe 9 g ogljikovih hidratov 5,3 g beljakovin 691 mg natrija

Hitra tilapija z rdečo čebulo in avokadom

Čas priprave: 10 minut

Čas kuhanja: 5 minut

Obroki: 4

Stopnja težavnosti: povprečna

Sestavine:

- 1 žlica ekstra deviškega oljčnega olja
- 1 žlica sveže iztisnjenega pomarančnega soka
- ¼ čajne žličke košer ali morske soli
- 4 (4 unče) fileti tilapije, bolj podolgovati kot kvadratni, s kožo ali s kožo
- ¼ skodelice sesekljane rdeče čebule
- 1 avokado

navodila:

V 9-palčni stekleni posodi za pite zmešajte olje, pomarančni sok in sol. Hkrati obdelujte fileje, vsakega položite v pekač za pito in premažite z vseh strani. Filete oblikujte v obliko kolesa vagona. Vsak file položite z 1 žlico čebule, nato pa konec fileja, ki visi čez rob, prepognite čez čebulo. Ko končate, bi morali imeti 4 prepognjene fileje s pregibom ob zunanjem robu posode in konci na sredini.

Posodo ovijte s plastiko, majhen del na robu pustite odprt, da odvaja paro. Kuhajte na visoki temperaturi približno 3 minute v mikrovalovni pečici. Ko je pripravljen, se mora ob nežnem pritisku z vilicami ločiti na kosmiče. Fileje okrasite z avokadom in postrezite.

Hranilna vrednost (za 100 g): 200 kalorij 3 g maščobe 4 g ogljikovih hidratov 22 g beljakovin 811 mg natrija

Ribe na žaru na limonah

Čas priprave: 10 minut

Čas kuhanja: 10 minut

Obroki: 4

Stopnja težavnosti: Težko

Sestavine:

- 4 (4 unče) ribji fileji
- Sprej za kuhanje proti prijemanju
- 3 do 4 srednje velike limone
- 1 žlica ekstra deviškega oljčnega olja
- ¼ čajne žličke sveže mletega črnega popra
- ¼ čajne žličke košer ali morske soli

navodila:

Filete posušite s papirnatimi brisačkami in pustite stati na sobni temperaturi 10 minut. Medtem premažite hladno rešetko žara z razpršilom za kuhanje, ki se ne sprijema, in predhodno segrejte žar na 400 °F ali na srednje visoko temperaturo.

Eno limono prerežite na pol in polovico postavite na stran. Preostalo polovico limone in preostale limone narežite na ¼ palca debele rezine. (Imeti morate približno 12 do 16 rezin limone.) V majhno skledo iztisnite 1 žlico soka iz prihranjene polovice limone.

Dodajte olje v skledo z limoninim sokom in dobro premešajte. Obe strani ribe namažite z mešanico olja in enakomerno potresite s poprom in soljo.

Rezine limone previdno položimo na rešetko (ali žar ponev), po 3 do 4 rezine skupaj razporedimo v obliki ribjega fileja in ponovimo s preostalimi rezinami. Ribje fileje položite neposredno na rezine limone in pecite na žaru pri zaprtem pokrovu. (Če pečete na žaru na štedilniku, pokrijte z velikim pokrovom ali aluminijasto folijo.) Ribo obrnite na polovici časa pečenja le, če so fileji debeli več kot pol centimetra. Kuhana je, ko se ob rahlem pritisku z vilicami šele začne ločevati na kosmiče.

Hranilna vrednost (za 100 g): 147 kalorij 5 g maščobe 1 g ogljikovih hidratov 22 g beljakovin 917 mg natrija

Ribja večerja v ponvi med tednom

Čas priprave: 10 minut

Čas kuhanja: 10 minut

Obroki: 4

Stopnja težavnosti: povprečna

Sestavine:

- Sprej za kuhanje proti prijemanju
- 2 žlici ekstra deviškega oljčnega olja
- 1 žlica balzamičnega kisa
- 4 (4 unče) ribji fileji (debeline ½ palca)
- 2½ skodelice zelenega fižola
- 1-pint češnjevih ali grozdnih paradižnikov

navodila:

Pečico segrejte na 400°F. Dva velika pekača z robom namažite s pršilom za kuhanje proti prijemanju. V majhni posodi zmešajte olje in kis. Dati na stran. Na vsak pekač položite dva kosa ribe.

V veliki skledi zmešajte fižol in paradižnik. Prilijemo olje in kis ter nežno premešamo, da se prekrije. Polovico mešanice stročjega fižola prelijemo čez ribe na enem pekaču, preostalo polovico pa čez ribe na drugem. Ribo obrnite in jo namažite z mešanico olja, da se prekrije. Zelenjavo enakomerno položite na pekače, da lahko okoli nje kroži vroč zrak.

Pecite toliko časa, da je riba čisto neprozorna. Kuhana je, ko se ob nežnem prebadanju z vilicami šele začne deliti na krhlje.

Hranilna vrednost (za 100 g): 193 kalorij 8 g maščobe 3 g ogljikovih hidratov 23 g beljakovin 811 mg natrija

Hrustljave ribje palčke iz polente

Čas priprave: 10 minut

Čas kuhanja: 15 minut

Obroki: 4

Stopnja težavnosti: Težko

Sestavine:

- 2 veliki jajci, rahlo stepeni
- 1 žlica 2% mleka
- 1-kilogramski ribji fileji s kožo, narezani na 20 (1-palčni) trakov
- ½ skodelice rumene koruzne moke
- ½ skodelice polnozrnatih panko krušnih drobtin
- ¼ čajne žličke dimljene paprike
- ¼ čajne žličke košer ali morske soli
- ¼ čajne žličke sveže mletega črnega popra
- Sprej za kuhanje proti prijemanju

navodila:

V pečico postavite velik pekač z robom. Pečico segrejte na 400 °F s ponev notri. V veliki skledi zmešajte jajca in mleko. Z vilicami dodajte ribje trakove jajčni mešanici in nežno premešajte, da se prekrijejo.

Koruzno moko, krušne drobtine, prekajeno papriko, sol in poper dajte v litrsko plastično vrečko z zadrgo. Z vilicami ali kleščami prenesite ribe v vrečko in pustite, da odvečna jajčna voda odteče v skledo, preden jih prestavite. Tesno zaprite in nežno pretresite, da popolnoma prekrijete vsako ribjo palčko.

Z rokavicami za peko previdno vzemite vroč pekač iz pečice in ga poškropite s pršilom za kuhanje proti prijemanju. Ribje palčke z vilicami ali kleščami poberemo iz vrečke in jih razporedimo po segretem pekaču, med njimi naj bo prostor, da lahko vroč zrak kroži in jih pohrusta. Pecite 5 do 8 minut, dokler se riba zaradi nežnega pritiska z vilicami ne razkosmi, in postrezite.

Hranilna vrednost (za 100 g): 256 kalorij 6 g maščobe 2 g ogljikovih hidratov 29 g beljakovin 667 mg natrija

Večerja na ponvi z lososom

Čas priprave: 15 minut
Čas kuhanja: 15 minut
Obroki: 4
Stopnja težavnosti: povprečna

Sestavine:

- 1 žlica ekstra deviškega oljčnega olja
- 2 stroka česna mleto
- 1 čajna žlička prekajene paprike
- 1-pint grozdnih ali češnjevih paradižnikov, na četrtine
- 1 (12 unč) kozarec pečene rdeče paprike
- 1 žlica vode
- ¼ čajne žličke sveže mletega črnega popra
- ¼ čajne žličke košer ali morske soli
- 1-kilogramski file lososa, brez kože, razrezan na 8 kosov
- 1 žlica sveže iztisnjenega limoninega soka (iz ½ srednje velike limone)

navodila:

Na zmernem ognju v ponvi zakuhamo olje. Zmešajte česen in dimljeno papriko ter med pogostim mešanjem kuhajte 1 minuto. Vmešajte paradižnik, pečeno papriko, vodo, črni poper in sol. Ogenj nastavite na srednje visoko, zavrite in kuhajte 3 minute ter do konca kuhanja zdrobite paradižnik.

Lososa položite v ponev in po vrhu pokapajte nekaj omake. Pokrijte in kuhajte 10 do 12 minut (145 °F z uporabo termometra za meso) in šele začne se luščiti.

Ponev odstavimo z ognja in ribe potresemo z limoninim sokom. Omako premešajte, nato pa lososa narežite na koščke. Postrezite.

Hranilna vrednost (za 100 g): 289 kalorij 13 g maščobe 2 g ogljikovih hidratov 31 g beljakovin 581 mg natrija

Toskanski burgerji s tuno in bučkami

Čas priprave: 10 minut
Čas kuhanja: 30 minut
Obroki: 4
Stopnja težavnosti: povprečna

Sestavine:

- 3 rezine polnozrnatega sendvič kruha, popečenega
- 2 (5 unč) pločevinki tune v olivnem olju
- 1 skodelica naribanih bučk
- 1 veliko jajce, rahlo stepeno
- ¼ skodelice narezane rdeče paprike
- 1 žlica posušenega origana
- 1 čajna žlička limonine lupinice
- ¼ čajne žličke sveže mletega črnega popra
- ¼ čajne žličke košer ali morske soli
- 1 žlica ekstra deviškega oljčnega olja
- Zelena solata ali 4 polnozrnati zvitki, za serviranje (neobvezno)

navodila:

Toast zdrobite v krušne drobtine s prsti (ali z nožem narežite na ¼-palčne kocke), dokler ne dobite 1 skodelice ohlapno zapakiranih drobtin. Drobtine stresemo v večjo skledo. Dodajte tuno, bučke, jajce, papriko, origano, limonino lupinico, črni poper in sol. Dobro premešamo z vilicami. Zmes razdelite na štiri polpete (velikosti ½ skodelice). Položite na krožnik in pritisnite vsako polpeto na približno ¾ palca debelo.

Na srednje močnem ognju v ponvi prekuhajte olje. Polpete dodamo na vroče olje, nato pa ogenj zmanjšamo na srednje. Polpete kuhajte 5 minut, obrnite z lopatko in kuhajte še 5 minut. Uživajte tako kot je ali postrezite na zeleni solati ali polnozrnatih zvitkih.

Hranilna vrednost (za 100 g): 191 kalorij 10 g maščobe 2 g ogljikovih hidratov 15 g beljakovin 661 mg natrija

Sicilijanski ohrovt in skleda tune

Čas priprave: 15 minut

Čas kuhanja: 15 minut

Obroki: 6

Stopnja težavnosti: povprečna

Sestavine:

- 1-kilogramski ohrovt
- 3 žlice ekstra deviškega oljčnega olja
- 1 skodelica sesekljane čebule
- 3 stroki česna, sesekljani
- 1 (2,25-unča) pločevinka narezanih oliv, odcejenih
- ¼ skodelice kaper
- ¼ čajne žličke rdeče paprike
- 2 žlički sladkorja
- 2 (6 unč) pločevinki tune v olivnem olju
- 1 (15 unč) pločevinka fižola cannellini
- ¼ čajne žličke mletega črnega popra
- ¼ čajne žličke košer ali morske soli

navodila:

V loncu zavremo do treh četrtin vode. Primešamo ohrovt in kuhamo 2 minuti. Ohrovt precedimo s cedilom in odstavimo.

Prazen lonec pristavimo nazaj na štedilnik na zmeren ogenj in pristavimo olje. Vmešajte čebulo in med nenehnim mešanjem kuhajte 4 minute. Postavite v česen in kuhajte 1 minuto. Dodamo olive, kapre in mleto rdečo papriko ter kuhamo 1 minuto.

Nazadnje dodamo delno kuhan ohrovt in sladkor, mešamo, dokler ni ohrovt povsem prekrit z oljem. Zaprite lonec in kuhajte 8 minut.

Ohrovt odstavimo z ognja, dodamo tunino, fižol, poper in sol ter postrežemo.

Hranilna vrednost (za 100 g): 265 kalorij 12 g maščobe 7 g ogljikovih hidratov 16 g beljakovin 715 mg natrija

Mediteranska enolončnica iz polenovke

Čas priprave: 10 minut
Čas kuhanja: 20 minut
Obroki: 6
Stopnja težavnosti: povprečna

Sestavine:

- 2 žlici ekstra deviškega oljčnega olja
- 2 skodelici sesekljane čebule
- 2 stroka česna, nasekljana
- ¾ čajne žličke dimljene paprike
- 1 (14,5 unč) pločevinka paradižnika, narezanega na kocke, neodcejenega
- 1 (12 unč) kozarec pečene rdeče paprike
- 1 skodelica narezanih oliv, zelenih ali črnih
- 1/3 skodelice suhega rdečega vina
- ¼ čajne žličke sveže mletega črnega popra
- ¼ čajne žličke košer ali morske soli
- 1½ funta filejev trske, narezanih na 1-palčne kose
- 3 skodelice narezanih gob

navodila:

V loncu zakuhajte olje. Vmešajte čebulo in med občasnim mešanjem kuhajte 4 minute. Vmešajte česen in dimljeno papriko ter med pogostim mešanjem kuhajte 1 minuto.

Zmešajte paradižnik s sokom, pečeno papriko, olivami, vinom, poprom in soljo ter segrejte na srednje visoko. Zavremo. Dodajte polenovko in gobe ter zmanjšajte ogenj na srednje.

Kuhajte približno 10 minut, občasno premešajte, dokler se polenovka ne skuha in zlahka razkosmi, ter postrezite.

Hranilna vrednost (za 100 g): 220 kalorij 8 g maščobe 3 g ogljikovih hidratov 28 g beljakovin 583 mg natrija

Dušene školjke v omaki iz belega vina

Čas priprave: 5 minut
Čas kuhanja: 10 minut
Obroki: 4
Stopnja težavnosti: Težko

Sestavine:

- 2 funta majhnih školjk
- 1 žlica ekstra deviškega oljčnega olja
- 1 skodelica na tanke rezine narezane rdeče čebule
- 3 stroki česna, narezani
- 1 skodelica suhega belega vina
- 2 (¼-palčne) rezine limone
- ¼ čajne žličke sveže mletega črnega popra
- ¼ čajne žličke košer ali morske soli
- Sveže limonine rezine, za serviranje (neobvezno)

navodila:

V velikem cedilu v umivalniku prelijte školjke s hladno vodo (vendar ne pustite, da školjke sedijo v stoječi vodi). Vse lupine morajo biti tesno zaprte; zavrzite vse lupine, ki so nekoliko odprte, ali vse lupine, ki so počene. Školjke pustite v cedilu, dokler jih ne boste pripravljeni uporabiti.

V veliki ponvi skuhamo olje. Vmešajte čebulo in med občasnim mešanjem kuhajte 4 minute. Postavite česen in med nenehnim mešanjem kuhajte 1 minuto. Dodamo vino, rezine limone, poper in sol ter pustimo vreti. Kuhajte 2 minuti.

Dodamo školjke in pokrijemo. Kuhajte, dokler školjke ne odprejo lupin. Med kuhanjem dvakrat ali trikrat nežno stresite ponev.

Vse školjke bi morale biti zdaj na široko odprte. Z žlico z režami zavrzite školjke, ki so še zaprte. Odprte školjke z žlico stresemo v plitvo servirno skledo in zalijemo z juho. Po želji postrezite z dodatnimi rezinami sveže limone.

Hranilna vrednost (za 100 g): 222 kalorij 7 g maščobe 1 g ogljikovih hidratov 18 g beljakovin 708 mg natrija

Pomarančna in česnova kozica

Čas priprave: 20 minut

Čas kuhanja: 10 minut

Obroki: 6

Stopnja težavnosti: Težko

Sestavine:

- 1 velika pomaranča
- 3 žlice ekstra deviškega oljčnega olja, razdeljeno
- 1 žlica sesekljanega svežega rožmarina
- 1 žlica sesekljanega svežega timijana
- 3 stroki česna, nasekljani (približno 1½ čajne žličke)
- ¼ čajne žličke sveže mletega črnega popra
- ¼ čajne žličke košer ali morske soli
- 1½ funta svežih surovih kozic z odstranjenimi lupinami in repi

navodila:

Celotno pomarančo olupite s strgalom za citruse. Pomarančno lupinico in 2 žlici olja zmešajte z rožmarinom, timijanom, česnom, poprom in soljo. Primešamo kozico, vrečko zapremo in kozico nežno masiramo, dokler se vse sestavine ne povežejo in je kozica popolnoma prekrita z začimbami. Dati na stran.

Na srednjem ognju segrejte žar, ponev ali večjo ponev. S čopičem namažite ali zavrtite preostalo 1 žlico olja. Dodajte polovico kozic in kuhajte 4 do 6 minut oziroma dokler kozice ne postanejo rožnate in bele, pri čemer jih na polovici obrnite, če so na žaru, ali mešajte vsako minuto, če so v ponvi. Predajte kozico v veliko servirno skledo. Ponovite in jih položite v skledo.

Medtem ko se kozica kuha, olupimo pomarančo in meso narežemo na grižljaje. Položite v servirno skledo in potresite s kuhano kozico. Postrezite takoj ali ohladite in postrezite hladno.

Hranilna vrednost (za 100 g):190 kalorij 8 g maščobe 1 g ogljikovih hidratov 24 g beljakovin 647 mg natrija

Peka s pečenimi kozicami in njoki

Čas priprave: 10 minut
Čas kuhanja: 20 minut
Obroki: 4
Stopnja težavnosti: povprečna

Sestavine:

- 1 skodelica narezanega svežega paradižnika
- 2 žlici ekstra deviškega oljčnega olja
- 2 stroka česna, nasekljana
- ½ čajne žličke sveže mletega črnega popra
- ¼ čajne žličke zdrobljene rdeče paprike
- 1 (12 unč) kozarec pečene rdeče paprike
- 1-funt svežih surovih kozic, odstranjenih lupin in repov
- 1-kilogramski zamrznjeni njoki (neodmrznjeni)
- ½ skodelice narezanega feta sira
- 1/3 skodelice svežih natrganih listov bazilike

navodila:

Pečico segrejte na 425°F. V pekaču zmešamo paradižnik, olje, česen, črni poper in mleto rdečo papriko. Pečemo v pečici 10 minut.

Primešamo pečeno papriko in kozico. Pražimo še 10 minut, da kozica postane rožnato bela.

Medtem ko se kozica kuha, na štedilniku skuhamo njoke po navodilih na embalaži. Odcedite v cedilu in hranite na toplem. Posodo vzamemo iz pečice. Vmešajte kuhane njoke, feto in baziliko ter postrezite.

Hranilna vrednost (za 100 g): 277 kalorij 7 g maščobe 1 g ogljikovih hidratov 20 g beljakovin 711 mg natrija

Začinjena puttanesca s kozicami

Čas priprave: 5 minut
Čas kuhanja: 15 minut
Obroki: 4
Stopnja težavnosti: povprečna

Sestavine:

- 2 žlici ekstra deviškega oljčnega olja
- 3 fileje inčunov, odcejene in narezane
- 3 stroki česna, sesekljani
- ½ čajne žličke zdrobljene rdeče paprike
- 1 (14,5 unč) pločevinka paradižnikov z nizko vsebnostjo natrija ali brez dodane soli, narezana na kocke, neodcejena
- 1 (2,25-unča) pločevinka črnih oliv
- 2 žlici kaper
- 1 žlica sesekljanega svežega origana
- 1-funt svežih surovih kozic, odstranjenih lupin in repov

navodila:

Na zmernem ognju kuhamo olje. Zmešajte inčune, česen in mleto rdečo papriko. Kuhamo 3 minute, ob pogostem mešanju in mečkanju sardonov z leseno žlico, dokler se ne stopijo v olju.

Vmešajte paradižnik s sokom, olive, kapre in origano. Ogenj povečajte na srednje visoko in zavrite.

Ko omaka rahlo brbota, vanjo stresemo kozico. Izberite srednjo temperaturo in kuhajte kozice, dokler ne postanejo rožnato bele, nato jih postrezite.

Hranilna vrednost (za 100 g): 214 kalorij 10 g maščobe 2 g ogljikovih hidratov 26 g beljakovin 591 mg natrija

Italijanski sendviči s tuno

Čas priprave: 10 minut

Čas kuhanja: 0 minut

Obroki: 4

Težavnostna stopnja: enostavno

Sestavine:

- 3 žlice sveže iztisnjenega limoninega soka
- 2 žlici ekstra deviškega oljčnega olja
- 1 strok česna, mlet
- ½ čajne žličke sveže mletega črnega popra
- 2 (5 unč) pločevinki tune, odcejene
- 1 (2,25-unča) pločevinka narezane olive
- ½ skodelice sesekljanega svežega koromača, vključno z listi
- 8 rezin polnozrnatega hrustljavega kruha

navodila:

Zmešajte limonin sok, olje, česen in poper. Dodajte tuno, olive in koromač. Tuno z vilicami razdelimo na koščke in premešamo, da se vse sestavine povežejo.

Tunino solato enakomerno razdelite na 4 rezine kruha. Vsako obložite s preostalimi rezinami kruha. Sendviče pustite stati vsaj 5 minut, da se lahko okusni nadev pred serviranjem vpije v kruh.

Hranilna vrednost (za 100 g): 347 kalorij 17 g maščobe 5 g ogljikovih hidratov 25 g beljakovin 447 mg natrija

Solatni zavitki iz kopra in lososa

Čas priprave: 10 minut

Čas kuhanja: 10 minut

Obroki: 6

Težavnostna stopnja: enostavno

Sestavine:

- 1-kilogramski file lososa, kuhan in v kosmičih
- ½ skodelice narezanega korenja
- ½ skodelice narezane zelene
- 3 žlice sesekljanega svežega kopra
- 3 žlice na kocke narezane rdeče čebule
- 2 žlici kaper
- 1½ žlice ekstra deviškega oljčnega olja
- 1 žlica staranega balzamičnega kisa
- ½ čajne žličke sveže mletega črnega popra
- ¼ čajne žličke košer ali morske soli
- 4 zavitki iz polnozrnatega kruha ali mehke polnozrnate tortilje

navodila:

Zmešajte lososa, korenje, zeleno, koper, rdečo čebulo, kapre, olje, kis, poper in sol. Solato z lososom razdelite na kruhke. Nagubajte dno kruha, nato zvijte zavitek in postrezite.

Hranilna vrednost (za 100 g): 336 kalorij 16 g maščobe 5 g ogljikovih hidratov 32 g beljakovin 884 mg natrija

Pizza pita iz belih školjk

Čas priprave: 10 minut

Čas kuhanja: 20 minut

Obroki: 4

Stopnja težavnosti: Težko

Sestavine:

- 1 funt ohlajenega svežega testa za pico
- Sprej za kuhanje proti prijemanju
- 2 žlici ekstra deviškega oljčnega olja, razdeljeni
- 2 stroka česna, mleto (približno 1 čajna žlička)
- ½ čajne žličke zdrobljene rdeče paprike
- 1 (10 unč) pločevinka celih otroških školjk, odcejena
- ¼ skodelice suhega belega vina
- Univerzalna moka, za posipanje
- 1 skodelica na kocke narezanega mocarele
- 1 žlica naribanega pecorino romano ali parmezana
- 1 žlica sesekljanega svežega ploščatega (italijanskega) peteršilja

navodila:

Pečico segrejte na 500°F. Velik, obrobljen pekač namažite s pršilom za kuhanje proti prijemanju.

V veliki ponvi skuhajte 1½ žlice olja. Dodamo česen in strto rdečo papriko ter kuhamo 1 minuto in občasno mešamo, da se česen ne zažge. Dodajte prihranjen sok školjk in vino. Na močnem ognju zavrite. Zmanjšajte ogenj na srednjo temperaturo, da omaka le zavre, in kuhajte 10 minut, občasno premešajte. Omaka se bo skuhala in zgostila.

Postavite školjke in jih med občasnim mešanjem kuhajte 3 minute. Medtem ko se omaka kuha, na rahlo pomokani površini testo za pico z valjarjem ali raztezanjem z rokami oblikujte v 12-palčni krog ali v pravokotnik 10 krat 12 palcev. Testo položite na pripravljen pekač. Testo namažemo s preostalo ½ žlice olja. Odstavite, dokler ni omaka iz školjk pripravljena.

Omako iz školjk razporedite po pripravljenem testu do ½ palca od roba. Po vrhu potresemo mocarelo, nato potresemo s pecorinom romanom.

Pečemo 10 minut. Pico povlecite iz pečice in jo položite na leseno desko za rezanje. Potresemo s peteršiljem, z rezalnikom za pico ali ostrim nožem razrežemo na osem kosov in postrežemo.

Hranilna vrednost (za 100 g): 541 kalorij 21 g maščobe 1 g ogljikovih hidratov 32 g beljakovin 688 mg natrija

Ribja moka iz pečenega fižola

Čas priprave: 10 minut

Čas kuhanja: 10 minut

Obroki: 4

Težavnostna stopnja: enostavno

Sestavine:

- 1 žlica balzamičnega kisa
- 2 ½ skodelice zelenega fižola
- 1-pint češnjevih ali grozdnih paradižnikov
- 4 (vsak po 4 unče) ribji fileji, kot sta trska ali tilapija
- 2 žlici olivnega olja

navodila:

Pečico segrejte na 400 stopinj. Dva pekača namastite z nekaj olivnega olja ali pršila z oljčnim oljem. Na vsak list razporedite po 2 ribja fileja. V posodo za mešanje vlijemo olivno olje in kis. Združite, da se med seboj dobro premešajo.

Zmešajte stročji fižol in paradižnik. Združite, da se med seboj dobro premešajo. Obe zmesi med seboj dobro premešamo. Mešanico enakomerno dodajte čez ribje fileje. Pecite 6-8 minut, dokler riba ni prozorna in se zlahka lušči. Postrežemo toplo.

Hranilna vrednost (za 100 g): 229 kalorij 13 g maščobe 8 g ogljikovih hidratov 2,5 g beljakovin 559 mg natrija

Gobova polenovka

Čas priprave: 10 minut
Čas kuhanja: 20 minut
Obroki: 6
Težavnostna stopnja: enostavno

Sestavine:

- 2 žlici ekstra deviškega oljčnega olja
- 2 stroka česna, nasekljana
- 1 pločevinka paradižnika
- 2 skodelici sesekljane čebule
- ¾ čajne žličke dimljene paprike
- (12-unč) kozarec pečene rdeče paprike
- 1/3 skodelice suhega rdečega vina
- ¼ čajne žličke košer ali morske soli
- ¼ čajne žličke črnega popra
- 1 skodelica črnih oliv
- 1 ½ funta filejev trske, narezanih na 1-palčne kose
- 3 skodelice narezanih gob

navodila:

Pridobite srednje velik lonec, na srednjem ognju segrejte olje. Dodamo čebulo in med mešanjem kuhamo 4 minute. Dodamo česen in prekajeno papriko; kuhajte 1 minuto in pogosto mešajte. Dodamo paradižnik s sokom, pečeno papriko, olive, vino, poper in sol; nežno premešajte. Mešanico zavremo. Dodamo polenovko in gobe; zmanjšajte toploto na srednjo. Zapremo in kuhamo toliko časa, da se polenovka zlahka razkosmi, vmes premešamo. Postrežemo toplo.

Hranilna vrednost (za 100 g): 238 kalorij 7 g maščobe 15 g ogljikovih hidratov 3,5 g beljakovin 772 mg natrija

Začinjena mečarica

Čas priprave: 10 minut
Čas kuhanja: 15 minut
Obroki: 4
Stopnja težavnosti: povprečna

Sestavine:

- 4 (po 7 unč) zrezki mečarice
- 1/2 čajne žličke mletega črnega popra
- 12 olupljenih strokov česna
- 3/4 čajne žličke soli
- 1 1/2 žličke mlete kumine
- 1 čajna žlička paprike
- 1 čajna žlička koriandra
- 3 žlice limoninega soka
- 1/3 skodelice olivnega olja

navodila:

Vzemite blender ali kuhinjski robot, odprite pokrov in dodajte vse sestavine razen mečarice. Zaprite pokrov in mešajte, da dobite gladko zmes. Posušite ribje zrezke; enakomerno premažemo s pripravljeno začimbno mešanico.

Dodajte jih čez alu folijo, pokrijte in postavite v hladilnik za 1 uro. Na močnem ognju segrejte ponev, nalijte olje in ga segrejte.

Dodajte ribje zrezke; med mešanjem kuhajte 5-6 minut na stran, dokler niso kuhani in enakomerno porjavi. Postrežemo toplo.

Hranilna vrednost (za 100 g): 255 kalorij 12 g maščobe 4 g ogljikovih hidratov 0,5 g beljakovin 990 mg natrija

Sardelova pasta manija

Čas priprave: 10 minut

Čas kuhanja: 20 minut

Obroki: 4

Težavnostna stopnja: enostavno

Sestavine:

- 4 fileti inčunov, pakirani v olivnem olju
- ½ funta brokolija, narezanega na 1-palčne cvetke
- 2 stroka česna, narezana na rezine
- 1-funt polnozrnatih peresnikov
- 2 žlici olivnega olja
- ¼ skodelice naribanega parmezana
- Sol in črni poper, po okusu
- Kosmiči rdeče paprike, po okusu

navodila:

Skuhajte testenine po navodilih na embalaži; odcedimo in odstavimo. Vzemite srednjo ponev ali ponev, dodajte olje. Segrevajte na srednji temperaturi. Dodajte inčune, brokoli in česen ter med mešanjem kuhajte, dokler se zelenjava ne zmehča 4-5 minut. Odstranite toploto; vmešajte testenine. Postrezite toplo s parmezanom, kosmiči rdeče paprike, soljo in potresenim črnim poprom.

Hranilna vrednost (za 100 g): 328 kalorij 8 g maščobe 35 g ogljikovih hidratov 7 g beljakovin 834 mg natrija

Česnove testenine s kozicami

Čas priprave: 10 minut
Čas kuhanja: 15 minut
Obroki: 4
Težavnostna stopnja: enostavno

Sestavine:

- 1-kilogramska kozica, olupljena in razrezana
- 3 stroki česna, sesekljani
- 1 čebula, drobno sesekljana
- 1 paket polnozrnatih ali fižolovih testenin po vaši izbiri
- 4 žlice oljčnega olja
- Sol in črni poper, po okusu
- ¼ skodelice bazilike, narezane na trakove
- ¾ skodelice piščančje juhe z nizko vsebnostjo natrija

navodila:

Skuhajte testenine po navodilih na embalaži; sperite in odstavite. Vzemite srednjo ponev, dodajte olje in segrejte na srednjem ognju. Dodamo čebulo, česen in med mešanjem kuhamo, dokler ne postanejo prosojni in dišeči 3 minute.

Dodamo kozico, črni poper (mlet) in sol; mešajte in kuhajte 3 minute, dokler kozice niso prozorne. Prilijemo juho in dušimo še 2-3 minute. Dodajte testenine v servirne krožnike; čez dodajte mešanico kozic; postrezite toplo z baziliko na vrhu.

Hranilna vrednost (za 100 g): 605 kalorij 17 g maščobe 53 g ogljikovih hidratov 19 g beljakovin 723 mg natrija

Losos z medom v kisu

Čas priprave: 10 minut

Čas kuhanja: 5 minut

Obroki: 4

Težavnostna stopnja: enostavno

Sestavine:

- 4 (8 unč) fileja lososa
- 1/2 skodelice balzamičnega kisa
- 1 žlica medu
- Črni poper in sol po okusu
- 1 žlica oljčnega olja

navodila:

Združite med in kis. Združite, da se med seboj dobro premešajo.

Ribje fileje začinite s črnim poprom (mletim) in morsko soljo; premažite z medeno glazuro. Vzemite srednjo ponev ali ponev, dodajte olje. Segrevajte na srednji temperaturi. Dodajte fileje lososa in jih med mešanjem kuhajte do srednje pečenega središča in rahlo zapečenega 3-4 minute na vsaki strani. Postrežemo toplo.

Hranilna vrednost (za 100 g): 481 kalorij 16 g maščobe 24 g ogljikovih hidratov 1,5 g beljakovin 673 mg natrija

Oranžna ribja moka

Čas priprave: 10 minut

Čas kuhanja: 5 minut

Obroki: 4

Težavnostna stopnja: enostavno

Sestavine:

- ¼ čajne žličke košer ali morske soli
- 1 žlica ekstra deviškega oljčnega olja
- 1 žlica pomarančnega soka
- 4 (4 unče) fileti tilapije, s kožo ali brez
- ¼ skodelice sesekljane rdeče čebule
- 1 avokado, izkoščičen, olupljen in narezan na rezine

navodila:

Vzemite 9-palčni pekač; dodajte oljčno olje, pomarančni sok in sol. Dobro kombinirajte. Dodamo ribje fileje in dobro premažemo. Na ribje fileje dodajte čebulo. Pokrijte s plastično folijo. Pogrevajte v mikrovalovni pečici 3 minute, dokler se ribe dobro ne skuhajo in jih je enostavno razkosmiti. Postrezite toplo z narezanim avokadom na vrhu.

Hranilna vrednost (za 100 g): 231 kalorij 9 g maščobe 8 g ogljikovih hidratov 2,5 g beljakovin 536 mg beljakovin

Zoodles s kozicami

Čas priprave: 10 minut

Čas kuhanja: 5 minut

Obroki: 2

Težavnostna stopnja: enostavno

Sestavine:

- 2 žlici sesekljanega peteršilja
- 2 žlički mletega česna
- 1 čajna žlička soli
- ½ čajne žličke črnega popra
- 2 srednji bučki, spiralizirani
- 3/4 funtov srednje velikih kozic, olupljenih in brez rezin
- 1 žlica oljčnega olja
- 1 limona, iztisnjena in olupljena

navodila:

Vzemite srednje velik lonec ali ponev, dodajte olje, limonin sok, limonino lupinico. Segrevajte na srednji temperaturi. Dodajte kozice in med mešanjem kuhajte 1 minuto na stran. Česen in rdeče paprike pražite še 1 minuto. Dodajte Zoodles in nežno premešajte; kuhajte 3 minute, dokler ni dovolj kuhano. Dobro začinimo, postrežemo toplo s peteršiljem na vrhu.

Hranilna vrednost (za 100 g):329 kalorij 12 g maščobe 11 g ogljikovih hidratov 3 g beljakovin 734 mg natrija

Obrok iz špargljeve postrvi

Čas priprave: 10 minut

Čas kuhanja: 20 minut

Obroki: 4

Težavnostna stopnja: enostavno

Sestavine:

- 2 kilograma filejev postrvi
- 1 funt špargljev
- Sol in mleti beli poper, po okusu
- 1 žlica oljčnega olja
- 1 strok česna, drobno sesekljan
- 1 na tanke rezine narezana čebula (zeleni in beli del)
- 4 srednje zlate krompirje, narezane na tanke rezine
- 2 romska paradižnika, narezana
- 8 izkoščičenih oliv kalamata, narezanih
- 1 velik korenček, narezan na tanke rezine
- 2 žlici posušenega peteršilja
- ¼ skodelice mlete kumine
- 2 žlici paprike
- 1 žlica zelenjavne začimbe za juho
- ½ skodelice suhega belega vina

navodila:

V posodo za mešanje dodajte ribje fileje, beli poper in sol. Združite, da se med seboj dobro premešajo. Vzemite srednjo ponev ali ponev, dodajte olje. Segrevajte na srednji temperaturi. Dodamo šparglje, krompir, česen, beli del kapesota in med mešanjem kuhamo, dokler se ne zmehčajo 4-5 minut. Dodajte paradižnik, korenček in olive; med mešanjem kuhajte 6-7 minut, dokler se ne zmehča. Dodamo kumino, papriko, peteršilj, začimbe za bujon in sol. Mešanico dobro premešajte.

Primešajte belo vino in ribje fileje. Na nizkem ognju pokrijte in mešanico kuhajte približno 6 minut, dokler se riba zlahka razkosmi, vmes premešajte. Postrezite toplo z zeleno čebulo na vrhu.

Hranilna vrednost (za 100 g): 303 kalorije 17 g maščobe 37 g ogljikovih hidratov 6 g beljakovin 722 mg natrija

Kale Olive Tuna

Čas priprave: 10 minut

Čas kuhanja: 15 minut

Obroki: 6

Stopnja težavnosti: povprečna

Sestavine:

- 1 skodelica sesekljane čebule
- 3 stroki česna, sesekljani
- 1 (2,25-unča) pločevinka narezanih oliv, odcejenih
- 1-kilogramski ohrovt, sesekljan
- 3 žlice ekstra deviškega oljčnega olja
- ¼ skodelice kaper
- ¼ čajne žličke zdrobljene rdeče paprike
- 2 žlički sladkorja
- 1 (15 unč) pločevinka fižola cannellini
- 2 (6 unč) pločevinki tune v oljčnem olju, neodcejene
- ¼ čajne žličke črnega popra
- ¼ čajne žličke košer ali morske soli

navodila:

Ohrovt namočimo v vrelo vodo za 2 minuti; odcedimo in odstavimo. Vzemite srednje velik lonec ali lonec, segrejte olje na srednjem ognju. Dodamo čebulo in med mešanjem kuhamo, dokler ne postekleni in se zmehča. Dodamo česen in med mešanjem kuhamo 1 minuto, dokler ne zadiši.

Dodajte olive, kapre in rdečo papriko ter med mešanjem kuhajte 1 minuto. Vmešamo kuhan ohrovt in sladkor. Na majhnem ognju pokrijte in zmes dušite približno 8-10 minut, vmes mešajte. Dodajte tuno, fižol, poper in sol. Dobro premešamo in še toplo postrežemo.

Hranilna vrednost (za 100 g): 242 kalorij 11 g maščobe 24 g ogljikovih hidratov 7 g beljakovin 682 mg natrija

Ostre kozice z rožmarinom

Čas priprave: 10 minut

Čas kuhanja: 10 minut

Obroki: 6

Težavnostna stopnja: enostavno

Sestavine:

- 1 velika pomaranča, olupljena in olupljena
- 3 stroki česna, sesekljani
- 1 ½ funta surovih kozic, odstranjenih lupin in repov
- 3 žlice oljčnega olja
- 1 žlica sesekljanega timijana
- 1 žlica sesekljanega rožmarina
- ¼ čajne žličke črnega popra
- ¼ čajne žličke košer ali morske soli

navodila:

Vzemite plastično vrečko z zadrgo, dodajte pomarančno lupinico, kozice, 2 žlici oljčnega olja, česen, timijan, rožmarin, sol in črni poper. Dobro pretresite in pustite, da se marinira 5 minut.

Vzemite srednjo ponev ali ponev, dodajte 1 žlico oljčnega olja. Segrevajte na srednji temperaturi. Dodajte kozice in med mešanjem kuhajte 2-3 minute na vsako stran, dokler niso popolnoma rožnate in neprozorne. Pomarančo narežite na rezine in dodajte na servirni krožnik. Dodamo kozice in dobro premešamo. Postrezite sveže.

Hranilna vrednost (za 100 g): 187 kalorij 7 g maščobe 6 g ogljikovih hidratov 0,5 g beljakovin 673 mg natrija

Šparglji losos

Čas priprave: 10 minut

Čas kuhanja: 15 minut

Obroki: 2

Težavnostna stopnja: enostavno

Sestavine:

- 8,8 unč šopka špargljev
- 2 majhna fileja lososa
- 1 ½ čajne žličke soli
- 1 čajna žlička črnega popra
- 1 žlica oljčnega olja
- 1 skodelica holandske omake z nizko vsebnostjo ogljikovih hidratov

navodila:

Lososove fileje dobro začinimo. Vzemite srednjo ponev ali ponev, dodajte olje. Segrevajte na srednji temperaturi.

Dodajte fileje lososa in jih med mešanjem kuhajte, dokler niso enakomerno zapečeni in dobro pečeni 4-5 minut na vsako stran. Dodamo šparglje in med mešanjem kuhamo še 4-5 minut. Postrezite toplo s holandsko omako na vrhu.

Hranilna vrednost (za 100 g): 565 kalorij 7 g maščobe 8 g ogljikovih hidratov 2,5 g beljakovin 559 mg natrija

Tunina solata z orehi

Čas priprave: 10 minut
Čas kuhanja: 0 minut
Obroki: 4
Težavnostna stopnja: enostavno

Sestavine:

- 1 žlica sesekljanega pehtrana
- 1 steblo zelene, obrezano in na drobno narezano
- 1 srednja šalotka, narezana na kocke
- 3 žlice sesekljanega drobnjaka
- 1 (5 unč) pločevinka tune (pokrita z oljčnim oljem), odcejena in na kosmiče
- 1 čajna žlička dijonske gorčice
- 2-3 žlice majoneze
- 1/4 čajne žličke soli
- 1/8 čajne žličke popra
- 1/4 skodelice pinjol, opečenih

navodila:

V veliko solatno skledo dodajte tuno, šalotko, drobnjak, pehtran in zeleno. Združite, da se med seboj dobro premešajo. V skledo za mešanje dodajte majonezo, gorčico, sol in črni poper. Združite, da se med seboj dobro premešajo. Dodajte mešanico majoneze v solatno skledo; dobro premešajte, da se združi. Dodamo pinjole in ponovno premešamo. Postrezite sveže.

Hranilna vrednost (za 100 g): 236 kalorij 14 g maščobe 4 g ogljikovih hidratov 1 g beljakovin 593 mg natrija

Kremna juha s kozicami

Čas priprave: 10 minut

Čas kuhanja: 35 minut

Obroki: 6

Stopnja težavnosti: povprečna

Sestavine:

- 1-kilogramska srednja kozica, olupljena in razrezana
- 1 por, oba beljaka in svetlo zelene dele, narezana na rezine
- 1 srednja čebulica koromača, sesekljana
- 2 žlici olivnega olja
- 3 stebla zelene, sesekljana
- 1 strok česna, sesekljan
- Morska sol in mleti poper po okusu
- 4 skodelice zelenjavne ali piščančje juhe
- 1 žlica semen koromača
- 2 žlici svetle smetane
- Sok 1 limone

navodila:

Vzemite srednje velik lonec ali nizozemsko pečico, segrejte olje na srednjem ognju. Dodamo zeleno, por in koromač ter med mešanjem kuhamo približno 15 minut, da se zelenjava zmehča in porjavi. Dodajte česen; začinite s črnim poprom in morsko soljo po okusu. Dodamo seme koromača in premešamo.

Zalijemo z juho in zavremo. Na majhnem ognju zmes dušimo približno 20 minut, vmes mešamo. Dodajte kozico in kuhajte 3 minute, dokler ni ravno rožnata. Zmešajte smetano in limonin sok; postrezite toplo.

Hranilna vrednost (za 100 g): 174 kalorij 5 g maščobe 9,5 g ogljikovih hidratov 2 g beljakovin 539 mg natrija

Začinjen losos z zelenjavno kvinojo

Čas priprave: 30 minut

Čas kuhanja: 10 minut

Obroki: 4

Stopnja težavnosti: Težko

Sestavine:

- 1 skodelica nekuhane kvinoje
- 1 čajna žlička soli, razdeljena na pol
- ¾ skodelice kumar, odstranjenih semen, narezanih na kocke
- 1 skodelica češnjevih paradižnikov, prepolovljenih
- ¼ skodelice rdeče čebule, sesekljane
- 4 liste sveže bazilike, narezane na tanke rezine
- Lupina ene limone
- ¼ čajne žličke črnega popra
- 1 čajna žlička kumine
- ½ čajne žličke paprike
- 4 (5 oz.) fileja lososa
- 8 rezin limone
- ¼ skodelice svežega peteršilja, sesekljanega

navodila:

V srednje veliko ponev dodajte kvinojo, 2 skodelici vode in ½ čajne žličke soli. Te segrevajte, dokler voda ne zavre, nato temperaturo znižajte, dokler ne zavre. Ponev pokrijemo in pustimo kuhati 20 minut oziroma toliko časa, kot piše na embalaži kvinoje. Ugasnite gorilnik pod kvinojo in jo pokrito pustite stati vsaj še 5 minut, preden jo postrežete.

Kvinoji tik pred serviranjem dodamo čebulo, paradižnik, kumare, liste bazilike in limonino lupinico ter z žlico vse skupaj nežno premešamo. Vmes (medtem ko se kvinoja kuha) pripravimo lososa. Pečico vklopite na visoko in se prepričajte, da je rešetka v spodnjem delu pečice. V majhno skledo dodajte naslednje sestavine: črni poper, ½ čajne žličke soli, kumino in papriko. Zmešajte jih skupaj.

Na vrh steklenega ali aluminijastega pekača položite folijo, nato pa jo poškropite s pršilom za kuhanje proti prijemanju. Na folijo položimo fileje lososa. Z začimbno mešanico natrite vsak file (približno ½ čajne žličke začimbne mešanice na file). Na robove ponve blizu lososa dodajte rezine limone.

Losos kuhajte pod brojlerjem 8-10 minut. Vaš cilj je, da se losos zlahka razkosmi z vilicami. Lososa potresemo s peteršiljem, nato pa ga postrežemo z rezinami limone in zelenjavnim peteršiljem. Uživajte!

Hranilna vrednost (za 100 g): 385 kalorij 12,5 g maščobe 32,5 g ogljikovih hidratov 35,5 g beljakovin 679 mg natrija

Gorčična postrv z jabolki

Čas priprave: 15 minut
Čas kuhanja: 55 minut
Obroki: 2
Stopnja težavnosti: Težko

Sestavine:

- 1 žlica olivnega olja
- 1 majhna šalotka, mleta
- 2 ženski jabolki, prepolovljeni
- 4 fileti postrvi, vsak po 3 unče
- 1 1/2 žlice krušnih drobtin, navadnih in drobnih
- 1/2 čajne žličke timijana, svežega in sesekljanega
- 1/2 žlice masla, stopljenega in nesoljenega
- 1/2 skodelice jabolčnega jabolčnika
- 1 čajna žlička svetlo rjavega sladkorja
- 1/2 žličke dijonske gorčice
- 1/2 žlice opranih kaper
- Morska sol in črni poper po okusu

navodila:

Pripravite pečico na 375 stopinj in nato vzemite majhno skledo. Zmešajte krušne drobtine, šalotko in timijan, preden jih začinite s soljo in poprom.

Dodajte maslo in dobro premešajte.

Jabolka položimo s prerezano stranjo navzgor v pekač, nato pa jih potresemo s sladkorjem. Na vrh potresemo krušne drobtine, nato pa okrog jabolk prelijemo polovico jabolčnika in tako pokrijemo posodo. Pečemo pol ure.

Odkrijte in nato pecite še dvajset minut. Jabolka morajo biti mehka, drobtine pa hrustljave. Jabolka vzamemo iz pečice.

Vklopite brojlerja in nato postavite stojalo štiri centimetre stran. Postrv potapkajte in jo začinite s soljo in poprom. Pekač namažite z oljem in nato postrvi položite s kožo navzgor. Preostalo olje namažite po koži in pražite šest minut. Ponovite jabolka na polici tik pod postrvjo. Tako se drobtine ne bodo zažgale, segreti pa naj traja le dve minuti.

Vzemite ven ponev in skupaj zmešajte preostali jabolčnik, kapre in gorčico. Po potrebi dodajte še jabolčnik, da se razredči, in kuhajte pet minut na srednji visoki temperaturi. Imeti mora konsistenco kot omako. Ribe pokapajte s sokom in postrezite z jabolkom na vsakem krožniku.

Hranilna vrednost (za 100 g): 366 kalorij 13 g maščob 10 g ogljikovih hidratov 31 g beljakovin 559 mg natrija

Njoki s kozicami

Čas priprave: 5 minut

Čas kuhanja: 15 minut

Obroki: 4

Stopnja težavnosti: Težko

Sestavine:

- 1/2 lb kozic, olupljenih in oluščenih
- 1/4 skodelice narezane šalotke
- 1/2 žlice + 1 čajna žlička olivnega olja
- 8 unč stabilnih njokov
- 1/2 šopka špargljev, narezanih na tretjine
- 3 žlice parmezana
- 1 žlica svežega limoninega soka
- 1/3 skodelice piščančje juhe
- Morska sol in črni poper po okusu

navodila:

Začnite tako, da na zmernem ognju segrejete pol žlice olja in nato dodajte njoke. Med pogostim mešanjem kuhajte, dokler ne postanejo debeli in zlato rjavi. To bo trajalo od sedem do deset minut. Položite jih v skledo.

Segrejte preostalo čajno žličko olja s šalotko in kuhajte, dokler ne začne rjaveti. Ne pozabite premešati, vendar bo to trajalo dve minuti. Preden dodate šparglje, premešajte juho. Pokrijte in kuhajte tri do štiri minute.

Dodamo kozico, začinimo s soljo in poprom. Kuhajte, dokler niso rožnate in kuhane, kar bo trajalo približno štiri minute.

Njoke vrnite v ponev z limoninim sokom in jih kuhajte še dve minuti. Dobro premešajte in nato odstranite z ognja.

Potresemo s parmezanom in pustimo stati dve minuti. Vaš sir se mora stopiti. Postrežemo toplo.

Hranilna vrednost (za 100 g):342 kalorij 11 g maščob 9 g ogljikovih hidratov 38 g beljakovin 711 mg natrija

Saganaki kozica

Čas priprave: 15 minut

Čas kuhanja: 30 minut

Obroki: 2

Stopnja težavnosti: povprečna

Sestavine:

- 1/2 lb kozic z lupinami
- 1 majhna čebula, sesekljana
- 1/2 skodelice belega vina
- 1 žlica peteršilja, svežega in sesekljanega
- 8 unč paradižnikov, konzerviranih in narezanih na kocke
- 3 žlice olivnega olja
- 4 unče feta sira
- Sol v kockah
- Dash Črni poper
- 14 čajnih žličk česna v prahu

navodila:

Vzemite lonec in vanjo nalijte približno dva centimetra vode ter jo zavrite. Kuhajte pet minut, nato odcedite, a tekočino prihranite. Tako kozico kot tekočino odstavimo.

Nato segrejte dve žlici olja in ko se segreje dodajte čebulo. Kuhajte, dokler čebula ne postekleni. Zmešajte peteršilj, česen, vino, oljčno olje in paradižnik. Kuhajte pol ure in mešajte, dokler se ne zgosti.

Odstranite noge kozic, potegnite lupine, glavo in rep. Kozice in kozično osnovo dodajte v omako, ko se zgosti. Pustite vreti pet minut, nato dodajte feta sir. Pustite stati, dokler se sir ne začne topiti, nato pa še toplo postrezite.

Hranilna vrednost (za 100 g): 329 kalorij 14 g maščobe 10 g ogljikovih hidratov 31 g beljakovin 449 mg natrija

Mediteranski losos

Čas priprave: 10 minut

Čas kuhanja: 20 minut

Obroki: 2

Težavnostna stopnja: enostavno

Sestavine:

- 2 fileja lososa, brez kože in po 6 unč
- 1 skodelica češnjevih paradižnikov
- 1 žlica kaper
- 1/4 skodelice bučk, drobno narezanih
- 1/8 čajne žličke črnega popra
- 1/8 čajne žličke morske soli, fine
- 1/2 žlice olivnega olja
- 1,25 unč zrelih oljk, narezanih

navodila:

Pečico segrejte na 425 stopinj, nato pa ribe na obeh straneh potresite s soljo in poprom. Ribe v enem sloju položite na pekač, potem ko ste premazali pekač s pršilom za kuhanje.

Zmešajte paradižnik in preostale sestavine, mešanico po žlicah prelijte po filejih in pecite dvaindvajset minut. Postrežemo toplo.

Hranilna vrednost (za 100 g): 322 kalorij 10 g maščobe 15 g ogljikovih hidratov 31 g beljakovin 493 mg natrija

Maroški Tagine z zelenjavo

Čas priprave: 20 minut

Čas kuhanja: 40 minut

Obroki: 2

Stopnja težavnosti: povprečna

Sestavine:

- 2 žlici olivnega olja
- ½ čebule, narezane na kocke
- 1 strok česna, mlet
- 2 skodelici cvetov cvetače
- 1 srednje velik korenček, narezan na 1-palčne kose
- 1 skodelica na kocke narezanega jajčevca
- 1 pločevinka celih paradižnikov s sokom
- 1 (15 unč / 425 g) pločevinka čičerike
- 2 majhna rdeča krompirja
- 1 skodelica vode
- 1 čajna žlička čistega javorjevega sirupa
- ½ čajne žličke cimeta
- ½ čajne žličke kurkume
- 1 čajna žlička kumine
- ½ čajne žličke soli
- 1 do 2 žlički harissa paste

navodila:

V nizozemski pečici segrejte oljčno olje na srednje močnem ognju. Čebulo med občasnim mešanjem pražimo 5 minut ali dokler čebula ne postekleni.

Vmešajte česen, cvetove cvetače, korenček, jajčevce, paradižnik in krompir. Paradižnik pretlačimo z leseno žlico na manjše koščke.

Dodajte čičeriko, vodo, javorjev sirup, cimet, kurkumo, kumino in sol ter premešajte, da se meša. Naj zavre

Ko je končano, zmanjšajte toploto na srednje nizko. Vmešajte harissa pasto, pokrijte in pustite vreti približno 40 minut oziroma dokler se zelenjava ne zmehča. Okusite in po potrebi prilagodite začimbe. Preden postrežemo, pustimo počivati.

Hranilna vrednost (za 100 g): 293 kalorij 9,9 g maščobe 12,1 g ogljikovih hidratov 11,2 g beljakovin 811 mg natrija

Zavitki iz čičerike in zelene solate

Čas priprave: 10 minut

Čas kuhanja: 0 minut

Obroki: 4

Težavnostna stopnja: enostavno

Sestavine:

- 1 (15 unč / 425 g) pločevinka čičerike z nizko vsebnostjo natrija
- 1 steblo zelene, na tanko narezano
- 2 žlici drobno sesekljane rdeče čebule
- 2 žlici nesoljenega tahinija
- 3 žlice medene gorčice
- 1 žlica kaper, neodcejenih
- 12 listov maslene solate

navodila:

V skledi pretlačite čičeriko s tlačilko za krompir ali hrbtno stranjo vilic, dokler ni skoraj gladka. V skledo dodajte zeleno, rdečo čebulo, tahini, medeno gorčico in kapre ter mešajte, dokler se dobro ne premeša.

Za vsako porcijo na krožnik položite tri liste solate, ki se prekrivajo, in jih na vrh potresite s ¼ čičerikinega nadeva, nato pa zvijte. Ponovite s preostalimi listi solate in mešanico čičerike.

Hranilna vrednost (za 100 g): 182 kalorij 7,1 g maščobe 3 g ogljikovih hidratov 10,3 g beljakovin 743 mg natrija

Zelenjavna nabodala na žaru

Čas priprave: 15 minut

Čas kuhanja: 10 minut

Obroki: 4

Težavnostna stopnja: enostavno

Sestavine:

- 4 srednje rdeče čebule, olupljene in narezane na 6 rezin
- 4 srednje velike bučke, narezane na 1 cm debele rezine
- 2 biftek paradižnika, narezana na četrtine
- 4 rdeče paprike
- 2 pomarančni papriki
- 2 rumeni papriki
- 2 žlici plus 1 čajna žlička oljčnega olja

navodila:

Žar segrejte na srednje visoko temperaturo. Zelenjavo nabodemo tako, da izmenjujemo rdečo čebulo, bučke, paradižnike in različno obarvano papriko. Namažite jih z 2 žlicama olivnega olja.

Rešetke za žar naoljite z 1 žličko olivnega olja in zelenjavna nabodala pecite 5 minut. Nabodala obrnite in pecite na žaru še 5 minut ali dokler niso pečena po vaših željah. Pustite, da se nabodala ohlajajo 5 minut, preden jih postrežete.

Hranilna vrednost (za 100 g): 115 kalorij 3 g maščobe 4,7 g ogljikovih hidratov 3,5 g beljakovin 647 mg natrija

Polnjene gobe Portobello s paradižniki

Čas priprave: 10 minut

Čas kuhanja: 15 minut

Obroki: 4

Stopnja težavnosti: povprečna

Sestavine:

- 4 veliki klobučki gob portobello
- 3 žlice ekstra deviškega oljčnega olja
- Sol in črni poper, po okusu
- 4 na soncu sušeni paradižniki
- 1 skodelica naribanega sira mozzarella, razdeljena
- ½ do ¾ skodelice paradižnikove omake z nizko vsebnostjo natrija

navodila:

Brojlerja predhodno segrejte na visoki temperaturi. Šampinjonove klobuke zložimo na pekač in pokapamo z olivnim oljem. Potresemo s soljo in poprom. Pražite 10 minut, klobučke gob do polovice obrnite, dokler ne porjavijo na vrhu.

Odstranite iz pečenke. Na vsak šampinjonov klobuk naložite 1 paradižnik, 2 žlici sira in 2 do 3 žlice omake. Gobove klobuke vrnite v brojler in nadaljujte s praženjem 2 do 3 minute. Ohladite 5 minut pred serviranjem.

Hranilna vrednost (za 100 g): 217 kalorij 15,8 g maščobe 9 g ogljikovih hidratov 11,2 g beljakovin 793 mg natrija

Ovenelo regratovo zelenje s sladko čebulo

Čas priprave: 15 minut
Čas kuhanja: 15 minut
Obroki: 4
Težavnostna stopnja: enostavno

Sestavine:

- 1 žlica ekstra deviškega oljčnega olja
- 2 stroka česna, nasekljana
- 1 čebula Vidalia, narezana na tanke rezine
- ½ skodelice zelenjavne juhe z nizko vsebnostjo natrija
- 2 šopka regratovega zelenja, grobo sesekljanega
- Sveže mleti črni poper, po okusu

navodila:

V veliki ponvi na majhnem ognju segrejte olivno olje. Dodajte česen in čebulo ter med občasnim mešanjem kuhajte 2 do 3 minute ali dokler čebula ne postekleni.

Dodajte zelenjavno juho in regratovo zelenjavo ter med pogostim mešanjem kuhajte 5 do 7 minut, dokler ne oveni. Potresemo s črnim poprom in toplo postrežemo na krožniku.

Hranilna vrednost (za 100 g): 81 kalorij 3,9 g maščobe 4 g ogljikovih hidratov 3,2 g beljakovin 693 mg natrija

Zelena in gorčično zelenje

Čas priprave: 10 minut
Čas kuhanja: 15 minut
Obroki: 4
Stopnja težavnosti: povprečna

Sestavine:

- ½ skodelice zelenjavne juhe z nizko vsebnostjo natrija
- 1 steblo zelene, grobo sesekljano
- ½ sladke čebule, sesekljane
- ½ velike rdeče paprike, narezane na tanke rezine
- 2 stroka česna, nasekljana
- 1 šop gorčičnega zelenja, grobo sesekljanega

navodila:

V veliko litoželezno ponev vlijemo zelenjavno juho in na srednjem ognju zavremo. Zmešajte zeleno, čebulo, papriko in česen. Odkrito kuhajte približno 3 do 5 minut.

V ponev dodajte gorčično zeleno in dobro premešajte. Zmanjšajte ogenj in kuhajte, dokler tekočina ne izhlapi in zeleno oveni. Odstavimo z ognja in še toplo postrežemo.

Hranilna vrednost (za 100 g): 39 kalorij 3,1 g beljakovin 6,8 g ogljikovih hidratov 3 g beljakovin 736 mg natrija

Pecivo z zelenjavo in tofujem

Čas priprave: 5 minut

Čas kuhanja: 10 minut

Obroki: 2

Težavnostna stopnja: enostavno

Sestavine:

- 2 žlici ekstra deviškega oljčnega olja
- ½ rdeče čebule, drobno sesekljane
- 1 skodelica sesekljanega ohrovta
- 8 unč (227 g) narezanih gob
- 8 unč (227 g) tofuja, narezanega na koščke
- 2 stroka česna, nasekljana
- Ščepec rdeče paprike
- ½ čajne žličke morske soli
- 1/8 čajne žličke sveže mletega črnega popra

navodila:

Kuhajte oljčno olje v srednji ponvi proti prijemanju na srednje močnem ognju, dokler ne zablešči. V ponev dodajte čebulo, ohrovt in gobe. Kuhamo in ob nerednem mešanju oziroma dokler zelenjava ne porjavi.

Dodajte tofu in ga med mešanjem pražite 3 do 4 minute, dokler se ne zmehča. Vmešajte česen, kosmiče rdeče paprike, sol in črni poper ter kuhajte 30 sekund. Preden postrežemo, pustimo počivati.

Hranilna vrednost (za 100 g): 233 kalorij 15,9 g maščobe 2 g ogljikovih hidratov 13,4 g beljakovin 733 mg natrija

Preprosti Zoodles

Čas priprave: 10 minut

Čas kuhanja: 5 minut

Obroki: 2

Težavnostna stopnja: enostavno

Sestavine:

- 2 žlici avokadovega olja
- 2 srednji bučki, spiralizirani
- ¼ čajne žličke soli
- Sveže mleti črni poper, po okusu

navodila:

V veliki ponvi na srednjem ognju segrejte avokadovo olje, dokler ne zasveti. Dodajte rezance iz bučk, sol in črni poper v ponev in premešajte, da se prekrije. Kuhajte in nenehno mešajte, dokler se ne zmehča. Postrežemo toplo.

Hranilna vrednost (za 100 g): 128 kalorij 14 g maščobe 0,3 g ogljikovih hidratov 0,3 g beljakovin 811 mg natrija

Zavitki iz leče in paradižnika

Čas priprave: 15 minut

Čas kuhanja: 0 minut

Obroki: 4

Težavnostna stopnja: enostavno

Sestavine:

- 2 skodelici kuhane leče
- 5 romskih paradižnikov, narezanih na kocke
- ½ skodelice zdrobljenega feta sira
- 10 velikih svežih listov bazilike, narezanih na tanke rezine
- ¼ skodelice ekstra deviškega oljčnega olja
- 1 žlica balzamičnega kisa
- 2 stroka česna, nasekljana
- ½ čajne žličke surovega medu
- ½ čajne žličke soli
- ¼ čajne žličke sveže mletega črnega popra
- 4 veliki listi ovratnice, stebla odstranjena

navodila:

Zmešajte lečo, paradižnik, sir, liste bazilike, oljčno olje, kis, česen, med, sol in črni poper ter dobro premešajte.

Liste ovratnice položite na ravno delovno površino. Na robove listov z žlico nanesite enake količine mešanice leče. Zvijte jih in prerežite na pol za postrežbo.

Hranilna vrednost (za 100 g): 318 kalorij 17,6 g maščobe 27,5 g ogljikovih hidratov 13,2 g beljakovin 800 mg natrija

Mediteranska zelenjavna skleda

Čas priprave: 10 minut

Čas kuhanja: 20 minut

Obroki: 4

Stopnja težavnosti: povprečna

Sestavine:

- 2 skodelici vode
- 1 skodelica bulgur pšenice #3 ali kvinoje, oprane
- 1½ čajne žličke soli, razdeljeno
- 1-pint (2 skodelici) češnjevih paradižnikov, prerezanih na pol
- 1 velika paprika, sesekljana
- 1 velika kumara, sesekljana
- 1 skodelica oliv Kalamata
- ½ skodelice sveže iztisnjenega limoninega soka
- 1 skodelica ekstra deviškega oljčnega olja
- ½ čajne žličke sveže mletega črnega popra

navodila:

V srednji posodi zavrite vodo na srednjem ognju. Dodajte bulgur (ali kvinojo) in 1 čajno žličko soli. Pokrijte in kuhajte 15 do 20 minut.

Če želite razporediti zelenjavo v svoje 4 sklede, vizualno razdelite vsako skledo na 5 delov. V en del položite kuhan bulgur. Sledite paradižniku, papriki, kumaram in olivam.

Zmešajte limonin sok, oljčno olje, preostalo ½ čajne žličke soli in črni poper.

Preliv enakomerno razporedite po 4 skledah. Postrezite takoj ali pokrijte in ohladite za pozneje.

Hranilna vrednost (za 100 g): 772 kalorij 9 g maščobe 6 g beljakovin 41 g ogljikovih hidratov 944 mg natrija

Zavitek z zelenjavo in humusom na žaru

Čas priprave: 15 minut

Čas kuhanja: 10 minut

Obroki: 6

Stopnja težavnosti: povprečna

Sestavine:

- 1 večji jajčevec
- 1 velika čebula
- ½ skodelice ekstra deviškega oljčnega olja
- 1 čajna žlička soli
- 6 zavitkov lavaša ali velikega pita kruha
- 1 skodelica kremastega tradicionalnega humusa

navodila:

Na srednjem ognju predhodno segrejte žar, veliko ponev za žar ali rahlo naoljeno veliko ponev. Jajčevec in čebulo narežemo na kolobarje. Zelenjavo namažemo z olivnim oljem in potresemo s soljo.

Zelenjavo pečemo na obeh straneh, približno 3 do 4 minute na vsaki strani. Za zavitek položite lavaš ali pito ravno. Na ovoj položite približno 2 žlici humusa.

Zelenjavo enakomerno porazdelite po zavitkih in jih položite vzdolž ene strani zavitka. Nežno prepognite stran ovoja z zelenjavo, jo zavihajte in naredite tesen ovoj.

Položite ovojni šiv s stranjo navzdol in prerežite na pol ali tretjine.

Vsak sendvič lahko tudi zavijete s plastično folijo, da ohrani svojo obliko in ga pozneje pojeste.

Hranilna vrednost (za 100 g): 362 kalorij 10 g maščobe 28 g ogljikovih hidratov 15 g beljakovin 736 mg natrija

španski stročji fižol

Čas priprave: 10 minut
Čas kuhanja: 20 minut
Obroki: 4
Težavnostna stopnja: enostavno

Sestavine:

- ¼ skodelice ekstra deviškega oljčnega olja
- 1 velika čebula, sesekljana
- 4 stroki česna, drobno sesekljani
- 1-kilogramski stročji fižol, svež ali zamrznjen, narezan
- 1½ čajne žličke soli, razdeljeno
- 1 (15 unč) pločevinka paradižnika, narezanega na kocke
- ½ čajne žličke sveže mletega črnega popra

navodila:

Segrejte oljčno olje, čebulo in česen; kuhamo 1 minuto. Stročji fižol narežite na 2-palčne kose. V lonec dodajte stročji fižol in 1 čajno žličko soli ter vse skupaj premešajte; kuhamo 3 minute. V lonec dodajte na kocke narezan paradižnik, preostalo ½ čajne žličke soli in črni poper; nadaljujte s kuhanjem še 12 minut in občasno premešajte. Postrežemo toplo.

Hranilna vrednost (za 100 g): 200 kalorij 12 g maščobe 18 g ogljikovih hidratov 4 g beljakovin 639 mg natrija

Rustikalna cvetača in korenček

Čas priprave: 10 minut
Čas kuhanja: 10 minut
Obroki: 4
Težavnostna stopnja: enostavno

Sestavine:

- 3 žlice ekstra deviškega oljčnega olja
- 1 velika čebula, sesekljana
- 1 žlica česna, mletega
- 2 skodelici korenja, narezanega na kocke
- 4 skodelice opranih kosov cvetače
- 1 čajna žlička soli
- ½ čajne žličke mlete kumine

navodila:

Oljčno olje, čebulo, česen in korenje pražimo 3 minute. Cvetačo narežite na 1-palčne ali grižljaj velike kose. V ponev dodajte cvetačo, sol in kumino ter premešajte, da se poveže s korenjem in čebulo.

Pokrijte in kuhajte 3 minute. Dodajte zelenjavo in nadaljujte s kuhanjem še 3 do 4 minute. Postrežemo toplo.

Hranilna vrednost (za 100 g): 159 kalorij 17 g maščobe 15 g ogljikovih hidratov 3 g beljakovin 569 mg natrija

Pečena cvetača in paradižnik

Čas priprave: 5 minut

Čas kuhanja: 25 minut

Obroki: 4

Stopnja težavnosti: povprečna

Sestavine:

- 4 skodelice cvetače, narezane na 1-palčne kose
- 6 žlic ekstra deviškega oljčnega olja, razdeljeno
- 1 čajna žlička soli, razdeljena
- 4 skodelice češnjevih paradižnikov
- ½ čajne žličke sveže mletega črnega popra
- ½ skodelice naribanega parmezana

navodila:

Pečico segrejte na 425°F. Dodajte cvetačo, 3 žlice oljčnega olja in ½ čajne žličke soli v veliko skledo in premešajte, da se enakomerno prekrije. Položite na pekač v enakomerni plasti.

V drugo veliko skledo dodajte paradižnik, preostale 3 žlice oljčnega olja in ½ čajne žličke soli ter premešajte, da se enakomerno prekrije. Prelijemo na drug pekač. List cvetače in list paradižnika damo v pečico, da se pečeta 17 do 20 minut, da se cvetača rahlo zapeče in paradižniki postanejo debeli.

Z lopatko z žlico stresite cvetačo v servirni krožnik in jo potresite s paradižniki, črnim poprom in parmezanom. Postrežemo toplo.

Hranilna vrednost (za 100 g): 294 kalorij 14 g maščobe 13 g ogljikovih hidratov 9 g beljakovin 493 mg natrija

Pražena želodova buča

Čas priprave: 10 minut

Čas kuhanja: 35 minut

Obroki: 6

Stopnja težavnosti: povprečna

Sestavine:

- 2 želodovi buči, srednji do veliki
- 2 žlici ekstra deviškega oljčnega olja
- 1 čajna žlička soli in več za začimbo
- 5 žlic nesoljenega masla
- ¼ skodelice sesekljanih listov žajblja
- 2 žlici svežih listov timijana
- ½ čajne žličke sveže mletega črnega popra

navodila:

Pečico segrejte na 400°F. Želodovo bučo po dolžini prerežemo na pol. Postrgajte semena in vodoravno narežite na ¾ palca debele rezine. V veliki skledi bučo pokapajte z olivnim oljem, potresite s soljo in premešajte, da se prekrije.

Želodovo bučo položite na pekač. Položimo v pekač v pečico in bučo pečemo 20 minut. Bučo z lopatko obrnemo in pečemo še 15 minut.

V srednji ponvi na srednjem ognju zmehčajte maslo. Stopljenemu maslu dodamo žajbelj in timijan ter pustimo kuhati 30 sekund.

Kuhane rezine buče preložimo na krožnik. Bučo z žlico prelijte z mešanico masla/zelišč. Začinite s soljo in črnim poprom. Postrežemo toplo.

Hranilna vrednost (za 100 g):188 kalorij 13 g maščobe 16 g ogljikovih hidratov 1 g beljakovin 836 mg natrija

Dušena česnova špinača

Čas priprave: 5 minut

Čas kuhanja: 10 minut

Obroki: 4

Težavnostna stopnja: enostavno

Sestavine:

- ¼ skodelice ekstra deviškega oljčnega olja
- 1 velika čebula, narezana na tanke rezine
- 3 stroki česna, sesekljani
- 6 (1-funtnih) opranih vrečk mlade špinače
- ½ čajne žličke soli
- 1 limona, narezana na kolesca

navodila:

V veliki ponvi na zmernem ognju 2 minuti kuhajte oljčno olje, čebulo in česen. Dodajte eno vrečko špinače in ½ čajne žličke soli. Ponev pokrijte in pustite, da špinača 30 sekund vene. Ponovite (izpustite sol), dodajte 1 vrečko špinače naenkrat.

Ko dodamo vso špinačo, odstranimo pokrov in kuhamo 3 minute, da nekaj vlage izhlapi. Postrezite toplo z limonino lupinico po vrhu.

Hranilna vrednost (za 100 g): 301 kalorija 12 g maščobe 29 g ogljikovih hidratov 17 g beljakovin 639 mg natrija

Česnovo popečene bučke z meto

Čas priprave: 5 minut
Čas kuhanja: 10 minut
Obroki: 4
Težavnostna stopnja: enostavno

Sestavine:

- 3 velike zelene bučke
- 3 žlice ekstra deviškega oljčnega olja
- 1 velika čebula, sesekljana
- 3 stroki česna, sesekljani
- 1 čajna žlička soli
- 1 čajna žlička posušene mete

navodila:

Bučko narežemo na ½-palčne kocke. Oljčno olje, čebulo in česen med nenehnim mešanjem pražite 3 minute.

V ponev dodajte bučke in sol ter jih premešajte s čebulo in česnom ter kuhajte 5 minut. Dodajte meto v ponev in premešajte, da se združi. Kuhamo še 2 minuti. Postrežemo toplo.

Hranilna vrednost (za 100 g): 147 kalorij 16 g maščobe 12 g ogljikovih hidratov 4 g beljakovin 723 mg natrija

Dušena bamija

Čas priprave: 55 minut

Čas kuhanja: 25 minut

Obroki: 4

Težavnostna stopnja: enostavno

Sestavine:

- ¼ skodelice ekstra deviškega oljčnega olja
- 1 velika čebula, sesekljana
- 4 stroki česna, drobno sesekljani
- 1 čajna žlička soli
- 1 funt sveže ali zamrznjene okre, očiščene
- 1 (15 unč) pločevinka navadne paradižnikove omake
- 2 skodelici vode
- ½ skodelice svežega cilantra, drobno sesekljanega
- ½ čajne žličke sveže mletega črnega popra

navodila:

Zmešajte in pražite oljčno olje, čebulo, česen in sol 1 minuto. Vmešajte okra in kuhajte 3 minute.

Dodajte paradižnikovo omako, vodo, cilantro in črni poper; premešajte, pokrijte in pustite kuhati 15 minut, občasno premešajte. Postrežemo toplo.

Hranilna vrednost (za 100 g): 201 kalorija 6 g maščobe 18 g ogljikovih hidratov 4 g beljakovin 693 mg natrija

Sladke paprike, polnjene z zelenjavo

Čas priprave: 20 minut

Čas kuhanja: 30 minut
Obroki: 6
Stopnja težavnosti: povprečna

Sestavine:

- 6 velikih paprik različnih barv
- 3 žlice ekstra deviškega oljčnega olja
- 1 velika čebula, sesekljana
- 3 stroki česna, sesekljani
- 1 korenček, sesekljan
- 1 (16 unč) pločevinka garbanzo fižola, splaknjena in odcejena
- 3 skodelice kuhanega riža
- 1½ čajne žličke soli
- ½ čajne žličke sveže mletega črnega popra

navodila:

Pečico segrejte na 350°F. Pazite, da izberete papriko, ki lahko stoji pokonci. Odrežite pokrovček paprike in odstranite semena, pokrovček pa prihranite za pozneje. Papriko postavimo v pekač.

Oljčno olje, čebulo, česen in korenje segrevajte 3 minute. Vmešajte fižol garbanzo. Kuhamo še 3 minute. Odstavite iz ponve z ognja in kuhane sestavine z žlico stresite v veliko skledo. Dodajte riž, sol in poper; premetavanje združiti.

Vsako papriko nadevajte do vrha in nato ponovno namestite pokrovčke paprike. Pekač obložimo z aluminijasto folijo in pečemo 25 minut. Izvlecite folijo in pecite še 5 minut. Postrežemo toplo.

Hranilna vrednost (za 100 g): 301 kalorija 15 g maščobe 50 g ogljikovih hidratov 8 g beljakovin 803 mg natrija

Musaka Jajčevci

Čas priprave: 55 minut

Čas kuhanja: 40 minut

Obroki: 6

Stopnja težavnosti: Težko

Sestavine:

- 2 velika jajčevca
- 2 čajni žlički soli, razdeljeni
- Olivno olje v spreju
- ¼ skodelice ekstra deviškega oljčnega olja
- 2 veliki čebuli, narezani
- 10 strokov česna, narezanih
- 2 (15 unč) pločevinki narezanih paradižnikov
- 1 (16 unč) pločevinka garbanzo fižola, splaknjena in odcejena
- 1 čajna žlička posušenega origana
- ½ čajne žličke sveže mletega črnega popra

navodila:

Jajčevec vodoravno narežite na ¼ palca debele okrogle kolute. Rezine jajčevcev potresemo z 1 čajno žličko soli in jih za 30 minut postavimo v cedilo.

Pečico segrejte na 450°F. Rezine jajčevca posušite s papirnato brisačo in vsako stran popršite z oljčnim oljem v razpršilu ali vsako stran rahlo premažite z olivnim oljem.

Jajčevce v enem sloju sestavite na pekač. Postavimo v pečico in pečemo 10 minut. Nato z lopatko rezine obrnemo in pečemo še 10 minut.

Pražite oljčno olje, čebulo, česen in preostalo 1 čajno žličko soli. Kuhajte 5 minut ob redkem mešanju. Dodajte paradižnik, fižol garbanzo, origano in črni poper. Med nerednim mešanjem dušimo 12 minut.

Z globokim pekačem začnite nalagati plasti, začenši z jajčevci, nato z omako. Ponavljajte, dokler ne porabite vseh sestavin. Pečemo v pečici 20 minut. Odstranite iz pečice in postrezite toplo.

Hranilna vrednost (za 100 g): 262 kalorij 11 g maščobe 35 g ogljikovih hidratov 8 g beljakovin 723 mg natrija

Z zelenjavo polnjeni grozdni listi

Čas priprave: 50 minut
Čas kuhanja: 45 minut
Obroki: 8
Stopnja težavnosti: povprečna

Sestavine:

- 2 skodelici belega riža, opranega
- 2 velika paradižnika, na drobno narezana
- 1 velika čebula, drobno sesekljana
- 1 zelena čebula, drobno sesekljana
- 1 skodelica svežega italijanskega peteršilja, drobno sesekljanega
- 3 stroki česna, sesekljani
- 2½ čajne žličke soli
- ½ čajne žličke sveže mletega črnega popra
- 1 (16 unč) kozarec grozdnih listov
- 1 skodelica limoninega soka
- ½ skodelice ekstra deviškega oljčnega olja
- 4 do 6 skodelic vode

navodila:

Zmešajte riž, paradižnik, čebulo, zeleno čebulo, peteršilj, česen, sol in črni poper. Grozdne liste odcedimo in splaknemo. Pripravite velik lonec tako, da na dno položite plast grozdnih listov. Vsak list položite ravno in odrežite stebla.

Na dno vsakega lista položite 2 žlici riževe mešanice. Prepognite čez stranice, nato pa zvijte čim tesneje. Zvite grozdne liste položite v lonec, tako da vsak zviti grozdni list poravnate. Nadaljujte z nalaganjem zvitih grozdnih listov.

Nežno prelijte limonin sok in olivno olje čez liste grozdja in dodajte toliko vode, da pokrije liste grozdja za 1 cm. Težko ploščo, ki je manjša od odprtine lonca, položite z glavo navzdol na grozdne liste. Lonec pokrijte in liste kuhajte na srednje nizkem ognju 45 minut. Pred serviranjem pustite stati 20 minut. Postrezite toplo ali hladno.

Hranilna vrednost (za 100 g): 532 kalorij 15 g maščobe 80 g ogljikovih hidratov 12 g beljakovin 904 mg natrija

Zvitki iz jajčevcev na žaru

Čas priprave: 30 minut
Čas kuhanja: 10 minut
Obroki: 6
Stopnja težavnosti: povprečna

Sestavine:

- 2 velika jajčevca
- 1 čajna žlička soli
- 4 unče kozjega sira
- 1 skodelica rikote
- ¼ skodelice sveže bazilike, drobno sesekljane
- ½ čajne žličke sveže mletega črnega popra
- Olivno olje v spreju

navodila:

Jajčevcem odrežite vrhove in jih po dolžini narežite na ¼ palca debele rezine. Rezine potresemo s soljo in jajčevce za 15 do 20 minut postavimo v cedilo.

Pretresite kozji sir, rikoto, baziliko in poper. Na srednjem ognju segrejte žar, ponev za žar ali rahlo naoljeno ponev. Posušite rezine jajčevca in rahlo popršite z oljčnim oljem. Jajčevce položite na žar, ponev ali ponev in jih pecite 3 minute na vsaki strani.

Jajčevce odstavimo z ognja in pustimo, da se ohladijo 5 minut. Za zvitek položite eno rezino jajčevca ravno, na dno rezine položite žlico sirne mešanice in zvijte. Postrezite takoj ali ohladite do serviranja.

Hranilna vrednost (za 100 g):255 kalorij 7 g maščobe 19 g ogljikovih hidratov 15 g beljakovin 793 mg natrija

Hrustljavi bučkini ocvrtki

Čas priprave: 15 minut

Čas kuhanja: 20 minut

Obroki: 6

Težavnostna stopnja: enostavno

Sestavine:

- 2 veliki zeleni bučki
- 2 žlici italijanskega peteršilja, drobno sesekljanega
- 3 stroki česna, sesekljani
- 1 čajna žlička soli
- 1 skodelica moke
- 1 veliko jajce, pretepljeno
- ½ skodelice vode
- 1 čajna žlička pecilnega praška
- 3 skodelice rastlinskega ali avokadovega olja

navodila:

Bučke naribamo v večjo skledo. V skledo dodajte peteršilj, česen, sol, moko, jajce, vodo in pecilni prašek ter premešajte. V velikem loncu ali cvrtniku na srednjem ognju segrejte olje na 365 °F.

Maso za ocvrtke po žlicah polagamo v vroče olje. Ocvrte obrnemo z žlico z režami in jih cvremo, dokler niso zlato rjavi, približno 2 do 3 minute. Ocvrtke odcedimo iz olja in položimo na krožnik, obložen s papirnatimi brisačkami. Postrezite toplo s kremastim Tzatzikijem ali kremastim tradicionalnim humusom kot pomako.

Hranilna vrednost (za 100 g): 446 kalorij 2 g maščobe 19 g ogljikovih hidratov 5 g beljakovin 812 mg natrija

Sirne špinačne pite

Čas priprave: 20 minut
Čas kuhanja: 40 minut
Obroki: 8
Stopnja težavnosti: Težko

Sestavine:

- 2 žlici ekstra deviškega oljčnega olja
- 1 velika čebula, sesekljana
- 2 stroka česna, nasekljana
- 3 (1-funtne) oprane vrečke mlade špinače
- 1 skodelica feta sira
- 1 veliko jajce, pretepljeno
- Listi listnatega testa

navodila:

Pečico segrejte na 375°F. Oljčno olje, čebulo in česen segrevajte 3 minute. Dodajte špinačo v ponev eno vrečko naenkrat in pustite, da med vsako vrečko oveni. Premešajte s kleščami. Kuhajte 4 minute. Ko je špinača kuhana, iz ponve poberemo odvečno tekočino.

V veliki skledi zmešajte feta sir, jajce in kuhano špinačo. Listnato testo položimo na pult. Pecivo narežite na 3-palčne kvadrate. Na sredino kvadrata listnatega testa položite žlico špinačne mešanice. Preko enega kota kvadrata prepognite do diagonalnega kota in tako oblikujte trikotnik. Robove pite zmečkajte tako, da jih pritisnete navzdol z konicami vilic, da jih zaprete skupaj. Ponavljajte, dokler niso zapolnjeni vsi kvadratki.

Pite položite na pekač, obložen s pergamentom, in pecite 25 do 30 minut oziroma dokler niso zlato rjave barve. Postrezite toplo ali pri sobni temperaturi.

Hranilna vrednost (za 100 g):503 kalorij 6 g maščobe 38 g ogljikovih hidratov 16 g beljakovin 836 mg natrija

Grižljaji sendviča s kumarami

Čas priprave: 5 minut

Čas kuhanja: 0 minut

Obroki: 12

Težavnostna stopnja: enostavno

Sestavine:

- 1 kumara, narezana na rezine
- 8 rezin polnozrnatega kruha
- 2 žlici kremnega sira, mehkega
- 1 žlica drobnjaka, sesekljanega
- ¼ skodelice avokada, olupljenega, brez koščic in pretlačenega
- 1 čajna žlička gorčice
- Sol in črni poper po okusu

navodila:

Na vsako rezino kruha namažemo pretlačen avokado, prav tako razporedimo preostale sestavine razen rezin kumare.

Rezine kumare razdelite na rezine kruha, vsako rezino narežite na tretjine, razporedite po krožniku in postrezite kot predjed.

Hranilna vrednost (za 100 g): 187 kalorij 12,4 g maščobe 4,5 g ogljikovih hidratov 8,2 g beljakovin 736 mg natrija

Jogurt Dip

Čas priprave: 10 minut

Čas kuhanja: 0 minut

Obroki: 6

Težavnostna stopnja: enostavno

Sestavine:

- 2 skodelici grškega jogurta
- 2 žlici pistacij, popečenih in sesekljanih
- Ščepec soli in belega popra
- 2 žlici sesekljane mete
- 1 žlica oliv kalamata, izkoščičenih in narezanih
- ¼ skodelice zaatar začimbe
- ¼ skodelice semen granatnega jabolka
- 1/3 skodelice olivnega olja

navodila:

Jogurt zmešamo s pistacijami in ostalimi sestavinami, dobro premešamo, razdelimo v skodelice in postrežemo s pita čipsom ob strani.

Hranilna vrednost (za 100 g): 294 kalorij 18 g maščobe 2 g ogljikovih hidratov 10 g beljakovin 593 mg natrija

Paradižnikova brusketa

Čas priprave: 10 minut

Čas kuhanja: 10 minut

Obroki: 6

Težavnostna stopnja: enostavno

Sestavine:

- 1 bageta, narezana
- 1/3 skodelice bazilike, sesekljane
- 6 paradižnikov, narezanih na kocke
- 2 stroka česna, nasekljana
- Ščepec soli in črnega popra
- 1 čajna žlička olivnega olja
- 1 žlica balzamičnega kisa
- ½ čajne žličke česna v prahu
- Sprej za kuhanje

navodila:

Rezine bagete položite na pekač, obložen s pergamentnim papirjem, ki ga namastite s pršilom za kuhanje. Pečemo 10 minut pri 400 stopinjah.

Paradižnik zmešajte z baziliko in preostalimi sestavinami, dobro premešajte in pustite stati 10 minut. Paradižnikovo mešanico razdelite na vsako rezino bagete, vse skupaj razporedite po krožniku in postrezite.

Hranilna vrednost (za 100 g):162 kalorij 4 g maščobe 29 g ogljikovih hidratov 4 g beljakovin 736 mg natrija

Paradižnik, polnjen z olivami in sirom

Čas priprave: 10 minut

Čas kuhanja: 0 minut

Obroki: 24

Težavnostna stopnja: enostavno

Sestavine:

- 24 češnjevih paradižnikov, z odrezanim vrhom in izdolbeno notranjostjo
- 2 žlici olivnega olja
- ¼ čajne žličke rdeče paprike
- ½ skodelice feta sira, zdrobljenega
- 2 žlici črne oljčne paste
- ¼ skodelice mete, natrgane

navodila:

V skledi zmešajte olivno pasto z ostalimi sestavinami razen češnjevih paradižnikov in dobro premešajte. S to mešanico nadevamo češnjeve paradižnike, vse skupaj razporedimo po krožniku in postrežemo kot predjed.

Hranilna vrednost (za 100 g): 136 kalorij 8,6 g maščobe 5,6 g ogljikovih hidratov 5,1 g beljakovin 648 mg natrija

Tapenada s poprom

Čas priprave: 10 minut

Čas kuhanja: 0 minut

Obroki: 4

Težavnostna stopnja: enostavno

Sestavine:

- 7 unč pražene rdeče paprike, sesekljane
- ½ skodelice naribanega parmezana
- 1/3 skodelice sesekljanega peteršilja
- 14 unč artičok v pločevinkah, odcejenih in sesekljanih
- 3 žlice oljčnega olja
- ¼ skodelice kaper, odcejenih
- 1 in ½ žlice limoninega soka
- 2 stroka česna, nasekljana

navodila:

V mešalniku zmešajte rdečo papriko s parmezanom in ostalimi sestavinami ter dobro premešajte. Razdelimo v skodelice in postrežemo kot prigrizek.

Hranilna vrednost (za 100 g): 200 kalorij 5,6 g maščobe 12,4 g ogljikovih hidratov 4,6 g beljakovin 736 mg natrija

Koriander Falafel

Čas priprave: 10 minut

Čas kuhanja: 10 minut

Obroki: 8

Težavnostna stopnja: enostavno

Sestavine:

- 1 skodelica konzerviranega fižola garbanzo
- 1 šopek listov peteršilja
- 1 rumena čebula, sesekljana
- 5 strokov česna, mletega
- 1 čajna žlička mletega koriandra
- Ščepec soli in črnega popra
- ¼ čajne žličke kajenskega popra
- ¼ čajne žličke sode bikarbone
- ¼ čajne žličke kumine v prahu
- 1 čajna žlička limoninega soka
- 3 žlice tapiokine moke
- Oljčno olje za cvrtje

navodila:

V kuhinjskem robotu zmešajte fižol s peteršiljem, čebulo in ostalimi sestavinami, razen olja in moke, ter dobro premešajte. Zmes preložimo v skledo, dodamo moko, dobro premešamo, iz te zmesi oblikujemo 16 kroglic in jih malo sploščimo.

Ponev segrejte na srednje močnem ognju, dodajte falafle, jih pecite 5 minut na obeh straneh, obložite s papirnatimi brisačkami, odcedite odvečno maščobo, jih razporedite po krožniku in postrezite kot predjed.

Hranilna vrednost (za 100 g): 122 kalorij 6,2 g maščobe 12,3 g ogljikovih hidratov 3,1 g beljakovin 699 mg natrija

Humus rdeče paprike

Čas priprave: 10 minut

Čas kuhanja: 0 minut

Obroki: 6

Težavnostna stopnja: enostavno

Sestavine:

- 6 unč pražene rdeče paprike, olupljene in narezane
- 16 unč konzervirane čičerike, odcejene in oprane
- ¼ skodelice grškega jogurta
- 3 žlice tahini paste
- Sok 1 limone
- 3 stroki česna, sesekljani
- 1 žlica oljčnega olja
- Ščepec soli in črnega popra
- 1 žlica sesekljanega peteršilja

navodila:

V kuhinjskem robotu zmešajte rdečo papriko z ostalimi sestavinami razen olja in peteršilja ter dobro premešajte. Dodajte olje, ponovno premešajte, razdelite v skodelice, po vrhu potresite peteršilj in postrezite kot namaz za zabavo.

Hranilna vrednost (za 100 g): 255 kalorij 11,4 g maščobe 17,4 g ogljikovih hidratov 6,5 g beljakovin 593 mg natrija

Pomaka iz belega fižola

Čas priprave: 10 minut

Čas kuhanja: 0 minut

Obroki: 4

Težavnostna stopnja: enostavno

Sestavine:

- 15 unč belega fižola v pločevinkah, odcejenega in opranega
- 6 unč srčkov artičok v pločevinkah, odcejenih in na četrtine narezanih
- 4 stroki česna, sesekljani
- 1 žlica sesekljane bazilike
- 2 žlici olivnega olja
- Sok ½ limone
- Lupina ½ limone, naribana
- Sol in črni poper po okusu

navodila:

V kuhinjskem robotu zmešajte fižol z artičokami in ostalimi sestavinami, razen olja in stročnic. Postopoma dodajte olje, ponovno premešajte, razdelite v skodelice in postrezite kot pomako za zabavo.

Hranilna vrednost (za 100 g): 27 kalorij 11,7 g maščobe 18,5 g ogljikovih hidratov 16,5 g beljakovin 668 mg natrija

Humus z mleto jagnjetino

Čas priprave: 10 minut

Čas kuhanja: 15 minut

Obroki: 8

Težavnostna stopnja: enostavno

Sestavine:

- 10 unč humusa
- 12 unč jagnječjega mesa, mletega
- ½ skodelice semen granatnega jabolka
- ¼ skodelice sesekljanega peteršilja
- 1 žlica oljčnega olja
- Pita čips za serviranje

navodila:

Ponev segrejte na srednje močnem ognju, kuhajte meso in pražite 15 minut ob pogostem mešanju. Humus razporedimo po krožniku, po njem razporedimo mleto jagnjetino, prav tako razporedimo semena granatnega jabolka in peteršilja ter postrežemo s pita čipsom kot prigrizek.

Hranilna vrednost (za 100 g): 133 kalorij 9,7 g maščobe 6,4 g ogljikovih hidratov 5,4 g beljakovin 659 mg natrija

Pomaka iz jajčevca

Čas priprave: 10 minut
Čas kuhanja: 40 minut
Obroki: 4
Težavnostna stopnja: enostavno

Sestavine:

- 1 jajčevec, preluknjan z vilicami
- 2 žlici tahini paste
- 2 žlici limoninega soka
- 2 stroka česna, nasekljana
- 1 žlica oljčnega olja
- Sol in črni poper po okusu
- 1 žlica sesekljanega peteršilja

navodila:

Jajčevce damo v pekač, pečemo pri 400 stopinjah F 40 minut, ohladimo, olupimo in prestavimo v kuhinjski robot. Preostale sestavine razen peteršilja zmešajte, dobro premešajte, razdelite v majhne sklede in postrezite kot predjed s peteršiljem po vrhu.

Hranilna vrednost (za 100 g): 121 kalorij 4,3 g maščobe 1,4 g ogljikovih hidratov 4,3 g beljakovin 639 mg natrija

Zelenjavni ocvrtki

Čas priprave: 10 minut

Čas kuhanja: 10 minut

Obroki: 8

Težavnostna stopnja: enostavno

Sestavine:

- 2 stroka česna, nasekljana
- 2 rumeni čebuli, sesekljani
- 4 čebulice, sesekljane
- 2 korenčka, naribana
- 2 žlički kumine, mlete
- ½ čajne žličke kurkume v prahu
- Sol in črni poper po okusu
- ¼ čajne žličke mletega koriandra
- 2 žlici sesekljanega peteršilja
- ¼ čajne žličke limoninega soka
- ½ skodelice mandljeve moke
- 2 pesi, olupljeni in naribani
- 2 jajci, razžvrkljani
- ¼ skodelice tapiokine moke
- 3 žlice oljčnega olja

navodila:

V skledi zmešajte česen s čebulo, čebulo in ostalimi sestavinami razen olja, dobro premešajte in iz te mešanice oblikujte srednje velike ocvrtke.

Na srednje močnem ognju segrejte ponev, položite ocvrtke, jih pecite 5 minut na vsaki strani, razporedite po krožniku in postrezite.

Hranilna vrednost (za 100 g): 209 kalorij 11,2 g maščobe 4,4 g ogljikovih hidratov 4,8 g beljakovin 726 mg natrija

Bulgur jagnječje mesne kroglice

Čas priprave: 10 minut

Čas kuhanja: 15 minut

Obroki: 6

Težavnostna stopnja: enostavno

Sestavine:

- 1 in ½ skodelice grškega jogurta
- ½ čajne žličke mlete kumine
- 1 skodelica kumare, narezana
- ½ čajne žličke česna, mletega
- Ščepec soli in črnega popra
- 1 skodelica bulgurja
- 2 skodelici vode
- 1-kilogramska jagnjetina, zmleta
- ¼ skodelice sesekljanega peteršilja
- ¼ skodelice šalotke, sesekljane
- ½ čajne žličke pimenta, mletega
- ½ čajne žličke cimeta v prahu
- 1 žlica oljčnega olja

navodila:

Bulgur zmešajte z vodo, pokrijte skledo, pustite stati 10 minut, odcedite in preložite v skledo. Dodamo meso, jogurt in ostale sestavine razen olja, dobro premešamo in iz te mešanice oblikujemo srednje velike mesne kroglice. Na srednje močnem ognju segrejte ponev, položite mesne kroglice, jih pecite 7 minut na vsaki strani, vse skupaj razporedite po krožniku in postrezite kot predjed.

Hranilna vrednost (za 100 g): 300 kalorij 9,6 g maščobe 22,6 g ogljikovih hidratov 6,6 g beljakovin 644 mg natrija

Ugrizi kumar

Čas priprave: 10 minut

Čas kuhanja: 0 minut

Obroki: 12

Težavnostna stopnja: enostavno

Sestavine:

- 1 angleška kumara, narezana na 32 krogov
- 10 unč humusa
- 16 češnjevih paradižnikov, razpolovljenih
- 1 žlica sesekljanega peteršilja
- 1-unča feta sira, zdrobljenega

navodila:

Vsak krog kumare namažite s humusom, na vsakega razdelite polovice paradižnika, potresite s sirom in peteršiljem ter postrezite kot predjed.

Hranilna vrednost (za 100 g): 162 kalorij 3,4 g maščobe 6,4 g ogljikovih hidratov 2,4 g beljakovin 702 mg natrija

Polnjen avokado

Čas priprave: 10 minut

Čas kuhanja: 0 minut

Obroki: 2

Težavnostna stopnja: enostavno

Sestavine:

- 1 avokado, razpolovljen in izkoščičen
- 10 unč tune v pločevinkah, odcejene
- 2 žlici posušenih paradižnikov, narezanih
- 1 in ½ žlice bazilikinega pesta
- 2 žlici črnih oliv, izkoščičenih in narezanih
- Sol in črni poper po okusu
- 2 žlički pinjol, opečenih in sesekljanih
- 1 žlica sesekljane bazilike

navodila:

Tunino zmešamo s posušenimi paradižniki in ostalimi sestavinami razen avokada ter premešamo. Avokadove polovice nadevajte s tunino mešanico in postrezite kot predjed.

Hranilna vrednost (za 100 g): 233 kalorij 9 g maščobe 11,4 g ogljikovih hidratov 5,6 g beljakovin 735 mg natrija

Zavite slive

Čas priprave: 5 minut

Čas kuhanja: 0 minut

Obroki: 8

Težavnostna stopnja: enostavno

Sestavine:

- 2 unči pršuta, narezanega na 16 kosov
- 4 slive, narezane na četrtine
- 1 žlica drobnjaka, sesekljanega
- Ščepec zdrobljene rdeče paprike

navodila:

Vsako četrtino slive zavijte v rezino pršuta, vse skupaj razporedite po krožniku, vse skupaj potresite z drobnjakom in poprovimi kosmiči ter postrezite.

Hranilna vrednost (za 100 g): 30 kalorij 1 g maščobe 4 g ogljikovih hidratov 2 g beljakovin 439 mg natrija

Marinirana feta in artičoke

Čas priprave: 10 minut plus 4 ure neaktivnega časa

Čas kuhanja: 10 minut

Obroki: 2

Težavnostna stopnja: enostavno

Sestavine:

- 4 unče tradicionalne grške fete, narezane na ½-palčne kocke
- 4 unče odcejenih srčkov artičok, po dolžini narezanih na četrtine
- 1/3 skodelice ekstra deviškega oljčnega olja
- Lupina in sok 1 limone
- 2 žlici grobo sesekljanega svežega rožmarina
- 2 žlici grobo sesekljanega svežega peteršilja
- ½ čajne žličke črnega popra v zrnu

navodila:

V stekleni skledi zmešajte srčke fete in artičok. Dodajte olivno olje, limonino lupinico in sok, rožmarin, peteršilj in poprova zrna ter nežno premešajte, da se prekrije, pri čemer pazite, da se feta ne razdrobi.

Hladite 4 ure ali do 4 dni. Vzamemo iz hladilnika 30 minut pred serviranjem.

Hranilna vrednost (za 100 g): 235 kalorij 23 g maščobe 1 g ogljikovih hidratov 4 g beljakovin 714 mg natrija

Kroketi iz tune

Čas priprave: 40 minut, plus ure do noči, da se ohladi

Čas kuhanja: 25 minut

Obroki: 36

Stopnja težavnosti: Težko

Sestavine:

- 6 žlic ekstra deviškega oljčnega olja plus 1 do 2 skodelici
- 5 žlic mandljeve moke, plus 1 skodelica, razdeljeno
- 1¼ skodelice težke smetane
- 1 (4 unče) pločevinka rumenoplavutega tuna, polnjenega z olivnim oljem
- 1 žlica sesekljane rdeče čebule
- 2 žlički mletih kaper
- ½ čajne žličke posušenega kopra
- ¼ čajne žličke sveže mletega črnega popra
- 2 veliki jajci
- 1 skodelica panko drobtin (ali različica brez glutena)

navodila:

V veliki ponvi segrejte 6 žlic oljčnega olja na srednje nizkem ognju. Dodajte 5 žlic mandljeve moke in med nenehnim mešanjem kuhajte, dokler ne nastane gladka pasta in moka rahlo porjavi, 2 do 3 minute.

Izberite srednje visoko temperaturo in postopoma vmešajte težko smetano, nenehno mešajte, dokler ni popolnoma gladka in zgoščena, še 4 do 5 minut. Odstranite in dodajte tuno, rdečo čebulo, kapre, koper in poper.

Mešanico prenesite v 8-palčni kvadratni pekač, ki ste ga dobro premazali z olivnim oljem in pustili na sobni temperaturi. Zavijte in ohladite 4 ure ali celo noč. Za oblikovanje kroketov postavite tri sklede. V eno stepemo jajca. V drugo dodajte preostalo mandljevo moko. V tretje dodamo panko. Pekač obložite s peki papirjem.

Približno žlico hladno pripravljenega testa zajemamo v mešanico moke in zvijemo za premaz. Odvečno maso otresemo in z rokami razvaljamo v oval.

Kroket pomočite v stepeno jajce, nato pa rahlo premažite s pankom. Postavite na obložen pekač in ponovite s preostalim testom.

V majhni ponvi segrejte preostalo 1 do 2 skodelici oljčnega olja na srednje močnem ognju.

Ko se olje segreje, ocvrejte krokete po 3 ali 4 naenkrat, odvisno od velikosti ponve, in jih odstranite z žlico z režami, ko zlato porjavijo. Občasno boste morali prilagoditi temperaturo olja, da preprečite opekline. Če kroketi zelo hitro porjavijo, znižamo temperaturo.

Hranilna vrednost (za 100 g): 245 kalorij 22 g maščobe 1 g ogljikovih hidratov 6 g beljakovin 801 mg natrija

Dimljen losos Crudités

Čas priprave: 10 minut

Čas kuhanja: 15 minut

Obroki: 4

Težavnostna stopnja: enostavno

Sestavine:

- 6 unč dimljenega divjega lososa
- 2 žlici praženega česnovega aiolija
- 1 žlica dijonske gorčice
- 1 žlica sesekljane kapesate, samo zeleni deli
- 2 žlički sesekljanih kaper
- ½ čajne žličke posušenega kopra
- 4 sulice endivije ali srca romana
- ½ angleške kumare, narezane na ¼ palca debele kolobarje

navodila:

Dimljenega lososa grobo narežite in prenesite v majhno skledo. Dodajte aioli, dijon, kapesota, kapre in koper ter dobro premešajte. Kopce endivije in kroge kumare napolnite z žlico mešanice dimljenega lososa in uživajte ohlajene.

Hranilna vrednost (za 100 g): 92 kalorij 5 g maščobe 1 g ogljikovih hidratov 9 g beljakovin 714 mg natrija

Olive, vložene s citrusi

Čas priprave: 4 ure
Čas kuhanja: 0 minut
Obroki: 2
Težavnostna stopnja: enostavno

Sestavine:

- 2 skodelici mešanih zelenih oliv s koščicami
- ¼ skodelice rdečega vinskega kisa
- ¼ skodelice ekstra deviškega oljčnega olja
- 4 stroki česna, drobno sesekljani
- Lupina in sok 1 velike pomaranče
- 1 čajna žlička rdeče paprike
- 2 lovorjeva lista
- ½ čajne žličke mlete kumine
- ½ čajne žličke mletega pimenta

navodila:

Dodajte olive, kis, olje, česen, pomarančno lupinico in sok, kosmiče rdeče paprike, lovorjev list, kumino in piment ter dobro premešajte. Zaprite in ohlajajte 4 ure ali do enega tedna, da se olive marinirajo, pred serviranjem pa ponovno premešajte.

Hranilna vrednost (za 100 g): 133 kalorij 14 g maščobe 2 g ogljikovih hidratov 1 g beljakovin 714 mg natrija

Oljčna tapenada z inčuni

Čas priprave: 1 ura in 10 minut
Čas kuhanja: 0 minut
Obroki: 2
Stopnja težavnosti: povprečna

Sestavine:

- 2 skodelici izkoščičenih oliv Kalamata ali drugih črnih oliv
- 2 fileja inčunov, narezana na kocke
- 2 žlički sesekljanih kaper
- 1 strok česna, drobno sesekljan
- 1 kuhan rumenjak
- 1 čajna žlička dijonske gorčice
- ¼ skodelice ekstra deviškega oljčnega olja
- Semeni krekerji, vsestranski okrogli sendvič ali zelenjava za postrežbo (neobvezno)

navodila:

Olive oplaknemo v hladni vodi in dobro odcedimo. V kuhinjski robot, mešalnik ali velik kozarec (če uporabljate potopni mešalnik) dajte odcejene olive, inčune, kapre, česen, jajčni rumenjak in Dijon. Procesirajte, dokler ne nastane gosta pasta. Med tekom postopoma prilivajte oljčno olje.

Prenesite v majhno skledo, pokrijte in postavite v hladilnik vsaj 1 uro, da se okusi razvijejo. Postrezite s krekerji Seedy, na vrhu vsestranskega sendviča ali s svojo najljubšo hrustljavo zelenjavo.

Hranilna vrednost (za 100 g):179 kalorij 19 g maščobe 2 g ogljikovih hidratov 2 g beljakovin 82 mg natrija

Grška vražja jajca

Čas priprave: 45 minut

Čas kuhanja: 15 minut

Obroki: 4

Težavnostna stopnja: enostavno

Sestavine:

- 4 velika trdo kuhana jajca
- 2 žlici praženega česnovega aiolija
- ½ skodelice drobno nadrobljenega feta sira
- 8 oljk Kalamata brez koščic, drobno narezanih
- 2 žlici sesekljanih posušenih paradižnikov
- 1 žlica mlete rdeče čebule
- ½ čajne žličke posušenega kopra
- ¼ čajne žličke sveže mletega črnega popra

navodila:

Trdo kuhana jajca po dolžini prerežite na pol, odstranite rumenjake in jih dajte v srednje veliko skledo. Beljakove polovice rezerviramo in odstavimo. Rumenjake z vilicami dobro pretlačimo. Dodajte aioli, feto, olive, posušene paradižnike, čebulo, koper in poper ter mešajte, da postane gladka in kremasta.

V vsako beljakovo polovico z žlico dajte nadev in pokrito ohladite 30 minut ali do 24 ur.

Hranilna vrednost (za 100 g): 147 kalorij 11 g maščobe 6 g ogljikovih hidratov 9 g beljakovin 736 mg natrija

Manchego krekerji

Čas priprave: 1 ura in 15 minut

Čas kuhanja: 15 minut

Obroki: 20

Stopnja težavnosti: Težko

Sestavine:

- 4 žlice masla, pri sobni temperaturi
- 1 skodelica drobno naribanega sira Manchego
- 1 skodelica mandljeve moke
- 1 čajna žlička soli, razdeljena
- ¼ čajne žličke sveže mletega črnega popra
- 1 veliko jajce

navodila:

Z električnim mešalnikom zmešajte maslo in nariban sir, dokler se dobro ne združita in postaneta gladka. Vmešajte mandljevo moko s ½ čajne žličke soli in popra. Postopoma dodajte mešanico mandljeve moke v sir in nenehno mešajte, dokler se testo ne združi v kroglo.

Postavite kos pergamenta ali plastične folije in ga razvaljajte v približno 1½ palca debelo poleno. Tesno zaprite in nato zamrznite za vsaj 1 uro. Pečico segrejte na 350°F. V 2 pekača položite peki papir ali silikonske podloge.

Za pranje jajc zmešajte jajce in preostalo ½ čajne žličke soli.

Ohlajeno testo narežite na majhne kroge, debele približno ¼ palca, in jih položite na obložene pekače.

Vrhove krekerjev operemo z jajcem in pečemo, da postanejo zlati in hrustljavi. Postavite na rešetko, da se ohladi.

Postrezite toplo ali, ko je popolnoma ohlajeno, shranite v nepredušni posodi v hladilniku do 1 tedna.

Hranilna vrednost (za 100 g): 243 kalorij 23 g maščobe 1 g ogljikovih hidratov 8 g beljakovin 804 mg natrija

Burrata Caprese Stack

Čas priprave: 5 minut

Čas kuhanja: 0 minut

Obroki: 4

Težavnostna stopnja: enostavno

Sestavine:

- 1 velik organski paradižnik, po možnosti dediščina
- ½ čajne žličke soli
- ¼ čajne žličke sveže mletega črnega popra
- 1 (4-unča) kroglica sira burrata
- 8 svežih listov bazilike, narezanih na tanke rezine
- 2 žlici ekstra deviškega oljčnega olja
- 1 žlica rdečega vina ali balzamičnega kisa

navodila:

Paradižnik narežite na 4 debele rezine, odstranite vso trdo sredino in potresite s soljo in poprom. Paradižnik z začinjeno stranjo navzgor položite na krožnik. Na ločenem krožniku z robom narežite burrato na 4 debele rezine in eno rezino položite na vsako rezino paradižnika. Vsako prelijte s četrtino bazilike in na vrh prelijte morebitno prihranjeno burrata kremo z obrobljenega krožnika.

Prelijemo z oljčnim oljem in kisom ter postrežemo z vilicami in nožem.

Hranilna vrednost (za 100 g): 153 kalorij 13 g maščobe 1 g ogljikovih hidratov 7 g beljakovin 633 mg natrija

Ocvrtki iz bučk in rikote z limonino-česnovimi aioli

Čas priprave: 10 minut plus 20 minut počitka
Čas kuhanja: 25 minut
Obroki: 4
Stopnja težavnosti: Težko

Sestavine:

- 1 velika ali 2 majhni/srednji bučki
- 1 čajna žlička soli, razdeljena
- ½ skodelice sira ricotta iz polnomastnega mleka
- 2 kapesato
- 1 veliko jajce
- 2 stroka česna, drobno sesekljana
- 2 žlici sesekljane sveže mete (neobvezno)
- 2 žlički naribane limonine lupinice
- ¼ čajne žličke sveže mletega črnega popra
- ½ skodelice mandljeve moke
- 1 čajna žlička pecilnega praška
- 8 žlic ekstra deviškega oljčnega olja
- 8 žlic praženega česna Aioli ali majoneza iz avokadovega olja

navodila:

Narezane bučke položite na cedilo ali na več plasti papirnatih brisač. Potresemo s ½ čajne žličke soli in pustimo stati 10 minut. Z drugo plastjo papirnate brisače pritisnite na bučke, da sprostite odvečno vlago, in jih posušite. Dodajte odcejene bučke, rikoto, mlado čebulo, jajce, česen, meto (če uporabljate), limonino lupinico, preostalih ½ čajne žličke soli in poper.

Zmešajte mandljevo moko in pecilni prašek. Mešanico moke vmešajte v mešanico bučk in pustite počivati 10 minut. V veliki ponvi v štirih sklopih popečemo ocvrtke. Za vsako serijo štirih segrejte 2 žlici oljčnega olja na srednje močnem ognju. Dodajte 1 zvrhano jedilno žlico testa iz bučk na ocvrt, pritisnite s hrbtno stranjo žlice, da oblikujete 2- do 3-palčne ocvrtke. Pokrijte in pustite, da se praži 2 minuti, preden jih obrnete. Pokrito pražimo še 2 do 3 minute ali dokler niso hrustljave in zlate in kuhane. Morda boste morali zmanjšati temperaturo na srednjo, da preprečite gorenje. Odstranite iz ponve in hranite na toplem.

Ponovite za preostale tri serije, pri čemer uporabite 2 žlici oljčnega olja za vsako serijo. Ocvrtke postrezite tople z aioli.

Hranilna vrednost (za 100 g): 448 kalorij 42 g maščobe 2 g ogljikovih hidratov 8 g beljakovin 744 mg natrija

Kumare, polnjene z lososom

Čas priprave: 10 minut
Čas kuhanja: 0 minut
Obroki: 4
Težavnostna stopnja: enostavno

Sestavine:

- 2 veliki kumari, olupljeni
- 1 (4 unče) pločevinka rdečega lososa
- 1 srednje zelo zrel avokado
- 1 žlica ekstra deviškega oljčnega olja
- Lupina in sok 1 limete
- 3 žlice sesekljanega svežega cilantra
- ½ čajne žličke soli
- ¼ čajne žličke sveže mletega črnega popra

navodila:

Kumaro narežite na 1 cm debele segmente in z žlico postrgajte semena iz sredine vsakega segmenta ter jih postavite na krožnik. V srednje veliki skledi zmešajte lososa, avokado, oljčno olje, limetino lupinico in sok, koriander, sol in poper ter mešajte, dokler ne postane kremasto.

Zajemajte mešanico lososa na sredino vsakega dela kumare in postrezite ohlajeno.

Hranilna vrednost (za 100 g): 159 kalorij 11 g maščobe 3 g ogljikovih hidratov 9 g beljakovin 739 mg natrija

Pašteta s kozjim sirom in skušo

Čas priprave: 10 minut
Čas kuhanja: 0 minut
Obroki: 4
Težavnostna stopnja: enostavno

Sestavine:

- 4 unče divje ulovljene skuše, polnjene z oljčnim oljem
- 2 unči kozjega sira
- Lupina in sok 1 limone
- 2 žlici sesekljanega svežega peteršilja
- 2 žlici sesekljane sveže rukole
- 1 žlica ekstra deviškega oljčnega olja
- 2 žlički sesekljanih kaper
- 1 do 2 žlički svežega hrena (neobvezno)
- Krekerji, krogi kumar, endivija ali zelena za serviranje (neobvezno)

navodila:

V kuhinjskem robotu, mešalniku ali veliki skledi s potopnim mešalnikom zmešajte skuše, kozji sir, limonino lupinico in sok, peteršilj, rukolo, olivno olje, kapre in hren (če uporabljate). Obdelujte ali mešajte, dokler ni gladka in kremasta.

Postrezite s krekerji, krogi kumar, endivijo ali zeleno. Pokrito zaprite v hladilniku do 1 tedna.

Hranilna vrednost (za 100 g): 118 kalorij 8 g maščobe 6 g ogljikovih hidratov 9 g beljakovin 639 mg natrija

Okus sredozemskih maščobnih bomb

Čas priprave: 4 ure in 15 minut

Čas kuhanja: 0 minut

Obroki: 6

Stopnja težavnosti: povprečna

Sestavine:

- 1 skodelica zdrobljenega kozjega sira
- 4 žlice pesta v kozarcu
- 12 izkoščičenih oliv Kalamata, drobno narezanih
- ½ skodelice drobno sesekljanih orehov
- 1 žlica sesekljanega svežega rožmarina

navodila:

V srednje veliki skledi pretlačite kozji sir, pesto in olive ter z vilicami dobro premešajte. Zamrznite za 4 ure, da se strdi.

Z rokami oblikujte mešanico v 6 kroglic s premerom približno ¾ palca. Zmes bo lepljiva.

V manjšo skledo dajte orehe in rožmarin ter povaljajte kroglice kozjega sira v mešanici oreščkov, da jih premažete. Maščobne bombice hranite v hladilniku do 1 tedna ali v zamrzovalniku do 1 meseca.

Hranilna vrednost (za 100 g): 166 kalorij 15 g maščobe 1 g ogljikovih hidratov 5 g beljakovin 736 mg natrija

Gazpačo iz avokada

Čas priprave: 15 minut
Čas kuhanja: 10 minut
Obroki: 4
Težavnostna stopnja: enostavno

Sestavine:

- 2 skodelici narezanih paradižnikov
- 2 velika zrela avokada, razpolovljena in izkoščičena
- 1 velika kumara, olupljena in brez semen
- 1 srednje velika paprika (rdeča, oranžna ali rumena), sesekljana
- 1 skodelica navadnega polnomastnega grškega jogurta
- ¼ skodelice ekstra deviškega oljčnega olja
- ¼ skodelice sesekljanega svežega cilantra
- ¼ skodelice sesekljane kapestose, samo zeleni del
- 2 žlici rdečega vinskega kisa
- Sok 2 limet ali 1 limone
- ½ do 1 čajna žlička soli
- ¼ čajne žličke sveže mletega črnega popra

navodila:

S potopnim mešalnikom zmešajte paradižnik, avokado, kumare, papriko, jogurt, oljčno olje, koriander, mlado čebulo, kis in limetin sok. Mešajte do gladkega.

Začinimo in premešamo, da se okusi povežejo. Postrežemo hladno.

Hranilna vrednost (za 100 g): 392 kalorij 32 g maščobe 9 g ogljikovih hidratov 6 g beljakovin 694 mg natrija

Skodelice solate iz rakovega kolača

Čas priprave: 35 minut

Čas kuhanja: 20 minut

Obroki: 4

Stopnja težavnosti: povprečna

Sestavine:

- 1-kilogramska rakovica jumbo lump
- 1 veliko jajce
- 6 žlic praženega česnovega aiolija
- 2 žlici dijonske gorčice
- ½ skodelice mandljeve moke
- ¼ skodelice mlete rdeče čebule
- 2 žlički dimljene paprike
- 1 čajna žlička soli zelene
- 1 čajna žlička česna v prahu
- 1 čajna žlička posušenega kopra (neobvezno)
- ½ čajne žličke sveže mletega črnega popra
- ¼ skodelice ekstra deviškega oljčnega olja
- 4 veliki listi solate Bibb, brez debele hrbtenice

navodila:

Rakovo meso dajte v veliko skledo in poberite morebitne vidne lupine, nato pa meso razdrobite z vilicami. V majhni skledi zmešajte jajce, 2 žlici aiolija in dijonsko gorčico. Dodajte k rakovemu mesu in premešajte z vilicami. Dodajte mandljevo moko, rdečo čebulo, papriko, sol zelene, česen v prahu, koper (če uporabljate) in poper ter dobro premešajte. Pustite počivati na sobni temperaturi 10 do 15 minut.

Oblikujte 8 majhnih kolačkov s premerom približno 2 cm. Oljčno olje kuhajte na srednje močnem ognju. Kolačke cvremo, dokler ne porjavijo, 2 do 3 minute na vsako stran. Zavijte, zmanjšajte toploto na nizko in kuhajte še 6 do 8 minut ali dokler se ne strdi na sredini. Odstranite iz ponve.

Za serviranje zavijte 2 majhni peclji rakovice v vsak list zelene solate in prelijte z 1 žlico aiolija.

Hranilna vrednost (za 100 g): 344 kalorij 24 g maščobe 2 g ogljikovih hidratov 24 g beljakovin 804 mg natrija

Pomarančno-pehtranov piščančji solatni zavitek

Čas priprave: 15 minut
Čas kuhanja: 0 minut
Obroki: 4
Težavnostna stopnja: enostavno

Sestavine:

- ½ skodelice navadnega polnomastnega grškega jogurta
- 2 žlici dijonske gorčice
- 2 žlici ekstra deviškega oljčnega olja
- 2 žlici svežega pehtrana
- ½ čajne žličke soli
- ¼ čajne žličke sveže mletega črnega popra
- 2 skodelici kuhanega narezanega piščanca
- ½ skodelice narezanih mandljev
- 4 do 8 velikih listov solate Bibb, odstranjenim trdim steblom
- 2 majhna zrela avokada, olupljena in narezana na tanke rezine
- Lupina 1 klementine ali ½ majhne pomaranče (približno 1 žlica)

navodila:

V srednje veliki skledi zmešajte jogurt, gorčico, olivno olje, pehtran, pomarančno lupinico, sol in poper ter stepajte, dokler ni kremasta. Dodajte naribano piščance in mandlje ter premešajte, da se prekrije.

Če želite sestaviti zavitke, na sredino vsakega lista solate položite približno ½ skodelice mešanice piščančje solate in na vrh položite narezan avokado.

Hranilna vrednost (za 100 g): 440 kalorij 32 g l maščobe 8 g ogljikovih hidratov 26 g beljakovin 607 mg natrija

Feta in kvinoja polnjene gobe

Čas priprave: 5 minut
Čas kuhanja: 8 minut
Obroki: 6
Stopnja težavnosti: povprečna

Sestavine:

- 2 žlici drobno narezane rdeče paprike
- 1 strok česna, mlet
- ¼ skodelice kuhane kvinoje
- 1/8 čajne žličke soli
- ¼ čajne žličke posušenega origana
- 24 gob na pecljih
- 2 unči zdrobljene fete
- 3 žlice polnozrnatih krušnih drobtin
- Sprej za kuhanje z oljčnim oljem

navodila:

Predgrejte cvrtnik na 360°F. V majhni skledi zmešajte papriko, česen, kvinojo, sol in origano. Kvinojin nadev naložite na gobje klobuke, dokler niso ravno napolnjeni. Na vrh vsake gobe dodajte majhen košček fete. Na vsako gobo čez feto potresemo ščepec krušnih drobtin.

Košaro cvrtnika namažite s pršilom za kuhanje z olivnim oljem, nato pa v košaro nežno položite gobe, pri čemer pazite, da se ne dotikajo.

Košarico položite v cvrtnik in pecite 8 minut. Odstranite iz cvrtnika in postrezite.

Hranilna vrednost (za 100 g): 97 kalorij 4 g maščobe 11 g ogljikovih hidratov 7 g beljakovin 677 mg natrija

Falafel s petimi sestavinami s česnovo-jogurtovo omako

Čas priprave: 5 minut
Čas kuhanja: 15 minut
Obroki: 4
Stopnja težavnosti: Težko

Sestavine:

- <u>Za falafel</u>
- 1 (15 unč) pločevinka čičerike, odcejene in oprane
- ½ skodelice svežega peteršilja
- 2 stroka česna, nasekljana
- ½ žlice mlete kumine
- 1 žlica polnozrnate pšenične moke
- Sol
- <u>Za česnovo-jogurtovo omako</u>
- 1 skodelica nemastnega navadnega grškega jogurta
- 1 strok česna, mlet
- 1 žlica sesekljanega svežega kopra
- 2 žlici limoninega soka

navodila:

Za pripravo falafela

Predgrejte cvrtnik na 360°F. Čičeriko dajte v kuhinjski robot. Mešajte, dokler se večinoma ne sesekja, nato dodajte peteršilj, česen in kumino ter dušite še nekaj minut, dokler se sestavine ne spremenijo v testo.

Dodajte moko. Utripajte še nekajkrat, dokler se ne združita. Testo bo imelo teksturo, vendar je treba čičeriko strgati na majhne koščke. S čistimi rokami razvaljajte testo v 8 kroglic enake velikosti, nato pa jih rahlo potapkajte navzdol, da bodo približno ½ debele plošče.

Košaro cvrtnika napolnite s pršilom za kuhanje z oljčnim oljem, nato položite polpete falafel v košaro v eni plasti, pri čemer pazite, da se ne dotikajo. Cvremo v cvrtniku 15 minut.

Za pripravo česnovo-jogurtove omake

Zmešajte jogurt, česen, koper in limonin sok. Ko so falafli pečeni in lepo zapečeni z vseh strani, jih vzamemo iz cvrtnika in začinimo s soljo. Postrezite vročo omako za namakanje.

Hranilna vrednost (za 100 g): 151 kalorij 2 g maščobe 10 g ogljikovih hidratov 12 g beljakovin 698 mg natrija

Limonina kozica s česnovim oljčnim oljem

Čas priprave: 5 minut
Čas kuhanja: 6 minut
Obroki: 4
Stopnja težavnosti: povprečna

Sestavine:

- 1-funt srednje velika kozica, očiščena in razrezana
- ¼ skodelice plus 2 žlici olivnega olja, razdeljeno
- Sok ½ limone
- 3 stroke česna, sesekljane in razdeljene
- ½ čajne žličke soli
- ¼ čajne žličke rdeče paprike
- Limonine rezine, za serviranje (neobvezno)
- Marinara omaka, za namakanje (neobvezno)

navodila:

Predgrejte cvrtnik na 380°F. V kozico stresite 2 žlici olivnega olja, limonin sok, 1/3 mletega česna, sol in kosmiče rdeče paprike ter dobro premažite.

V majhni ramekini zmešajte preostalo ¼ skodelice oljčnega olja in preostali mleti česen. Odtrgajte 12 x 12-palčni list aluminijaste folije. Kozico položite na sredino folije, nato stranice prepognite navzgor in zavihajte robove, tako da nastane skleda iz aluminijaste folije, ki je na vrhu odprta. Ta paket položite v košaro cvrtnika.

Kozico pražimo 4 minute, nato odpremo cvrtnik in položimo ramekine z oljem in česnom v košarico poleg paketa s kozicami. Kuhajte še 2 minuti. Prenesite kozico na servirni krožnik ali pladenj z ramekinom česnovega oljčnega olja ob strani za pomakanje. Po želji lahko postrežete tudi z rezinami limone in marinara omako.

Hranilna vrednost (za 100 g): 264 kalorij 21 g maščobe 10 g ogljikovih hidratov 16 g beljakovin 473 mg natrija

Hrustljavi krompirčki iz stročjega fižola z limonino-jogurtovo omako

Čas priprave: 5 minut
Čas kuhanja: 5 minut
Obroki: 4
Stopnja težavnosti: povprečna

Sestavine:

- <u>Za stročji fižol</u>
- 1 jajce
- 2 žlici vode
- 1 žlica polnozrnate pšenične moke
- ¼ čajne žličke paprike
- ½ čajne žličke česna v prahu
- ½ čajne žličke soli
- ¼ skodelice polnozrnatih krušnih drobtin
- ½ funta celega zelenega fižola
- <u>Za limonino-jogurtovo omako</u>
- ½ skodelice nemastnega navadnega grškega jogurta
- 1 žlica limoninega soka
- ¼ čajne žličke soli
- 1/8 čajne žličke kajenskega popra

Smer:

Za pripravo stročjega fižola

Predgrejte cvrtnik na 380°F.

V srednje plitki skledi zmešajte jajce in vodo, dokler ne postanejo pena. V ločeni srednje plitvi skledi zmešajte moko, papriko, česen v prahu in sol, nato pa vmešajte krušne drobtine.

Dno cvrtnika namažite s pršilom za kuhanje. Vsak stročji fižol pomočite v jajčno mešanico, nato v mešanico krušnih drobtin, zunanjost pa potresite z drobtinami. Stročji fižol položite v eno plast na dno košare cvrtnika.

Pražite v cvrtniku 5 minut oziroma dokler paniranje ne postane zlato rjavo.

Za pripravo limonino-jogurtove omake

Vključite jogurt, limonin sok, sol in cayenne. Pomfri iz stročjega fižola postrezite poleg limonino-jogurtove omake kot prigrizek ali predjed.

Hranilna vrednost (za 100 g): 88 kalorij 2 g maščobe 10 g ogljikovih hidratov 7 g beljakovin 697 mg natrija

Domač čips iz pita z morsko soljo

Čas priprave: 2 minuti

Čas kuhanja: 8 minut

Obroki: 2

Težavnostna stopnja: enostavno

Sestavine:

- 2 polnozrnati piti
- 1 žlica oljčnega olja
- ½ čajne žličke košer soli

Navodila

Predgrejte cvrtnik na 360°F. Vsako pito narežite na 8 rezin. V srednji skledi mešajte rezine pite, oljčno olje in sol, dokler niso rezine prekrite in se oljčno olje in sol enakomerno porazdelita.

Rezine pita položite v košaro cvrtnika v enakomernem sloju in jih pražite 6 do 8 minut.

Po želji dodatno posolite. Postrezite samo ali s priljubljeno pomako.

Hranilna vrednost (za 100 g): 230 kalorij 8 g maščobe 11 g ogljikovih hidratov 6 g beljakovin 810 mg natrija

Pečena Spanakopita Dip

Čas priprave: 10 minut
Čas kuhanja: 15 minut
Obroki: 2
Stopnja težavnosti: povprečna

Sestavine:

- Sprej za kuhanje z oljčnim oljem
- 3 žlice olivnega olja, razdeljeno
- 2 žlici mlete bele čebule
- 2 stroka česna, nasekljana
- 4 skodelice sveže špinače
- 4 unče kremnega sira, zmehčanega
- 4 unče feta sira, razdeljeno
- Lupina 1 limone
- ¼ čajne žličke mletega muškatnega oreščka
- 1 čajna žlička posušenega kopra
- ½ čajne žličke soli
- Pita čips, korenčkove palčke ali narezan kruh za serviranje (neobvezno)

navodila:

Predgrejte cvrtnik na 360°F. Notranjost 6-palčnega ramekina ali pekača premažite z razpršilom za kuhanje z oljčnim oljem.

V veliki ponvi na srednjem ognju segrejte 1 žlico olivnega olja. Dodajte čebulo in kuhajte 1 minuto. Dodajte česen in kuhajte, mešajte še 1 minuto.

Zmanjšajte toploto in zmešajte špinačo in vodo. Kuhajte, dokler špinača ne oveni. Odstranite ponev z ognja. V srednje veliki skledi pretlačite kremni sir, 2 unči fete in preostanek oljčnega olja, limonino lupinico, muškatni oreček, koper in sol. Mešajte, dokler se le ne združi.

Dodajte zelenjavo v sirovo osnovo in mešajte, dokler se ne poveže. Mešanico za pomakanje vlijte v pripravljeno ramekin in prelijte s preostalima 2 unčama feta sira.

Pomak postavite v košarico cvrtnika in kuhajte 10 minut ali dokler se ne segreje in začne brbotati. Postrezite s pita čipsom, korenčkovimi palčkami ali narezanim kruhom.

Hranilna vrednost (za 100 g): 550 kalorij 52 g maščobe 21 g ogljikovih hidratov 14 g beljakovin 723 mg natrija

Pražena biserna čebulna pomaka

Čas priprave: 5 minut

Čas kuhanja: 12 minut plus 1 ura za ohlajanje

Obroki: 4

Stopnja težavnosti: povprečna

Sestavine:

- 2 skodelici olupljene biserne čebule
- 3 stroki česna
- 3 žlice olivnega olja, razdeljeno
- ½ čajne žličke soli
- 1 skodelica nemastnega navadnega grškega jogurta
- 1 žlica limoninega soka
- ¼ čajne žličke črnega popra
- 1/8 čajne žličke kosmičev rdeče paprike
- Pita čips, zelenjava ali popečen kruh za serviranje (neobvezno)

navodila:

Predgrejte cvrtnik na 360°F. V veliki skledi zmešajte biserno čebulo in česen z 2 žlicama olivnega olja, dokler čebula ni dobro prekrita.

Mešanico česna in čebule vlijemo v košarico cvrtnika in pražimo 12 minut. Česen in čebulo dajte v kuhinjski robot. Zelenjavo večkrat pretlačite, dokler čebula ni sesekljana, a ima še nekaj koščkov.

Vmešajte česen in čebulo ter preostalo 1 žlico oljčnega olja, skupaj s soljo, jogurtom, limoninim sokom, črnim poprom in kosmiči rdeče paprike. Ohladite 1 uro, preden postrežete s pita čipsom, zelenjavo ali popečenim kruhom.

Hranilna vrednost (za 100 g): 150 kalorij 10 g maščobe 6 g ogljikovih hidratov 7 g beljakovin 693 mg natrija

Tapenada iz rdeče paprike

Čas priprave: 5 minut

Čas kuhanja: 5 minut

Obroki: 4

Stopnja težavnosti: povprečna

Sestavine:

- 1 velika rdeča paprika
- 2 žlici plus 1 čajna žlička oljčnega olja
- ½ skodelice oliv Kalamata, izkoščičenih in grobo narezanih
- 1 strok česna, mlet
- ½ čajne žličke posušenega origana
- 1 žlica limoninega soka

navodila:

Predgrejte cvrtnik na 380°F. Zunanjost cele rdeče paprike namažite z 1 čajno žličko oljčnega olja in jo položite v košaro cvrtnika. Pražimo 5 minut. Medtem v srednjo skledo vmešajte preostali 2 žlici oljčnega olja z olivami, česnom, origanom in limoninim sokom.

Odstranite rdečo papriko iz cvrtnika, nato nežno odrežite pecelj in odstranite semena. Pečeno papriko grobo narežemo na majhne koščke.

Dodajte rdečo papriko v olivno mešanico in vse skupaj mešajte, dokler se ne poveže. Postrezite s pita čipsom, krekerji ali hrustljavim kruhom.

Hranilna vrednost (za 100 g): 104 kalorije 10 g maščobe 9 g ogljikovih hidratov 1 g beljakovin 644 mg natrija

Grške krompirjeve lupine z olivami in feto

Čas priprave: 5 minut

Čas kuhanja: 45 minut

Obroki: 4

Stopnja težavnosti: Težko

Sestavine:

- 2 rdečerjava krompirja
- 3 žlice oljčnega olja
- 1 čajna žlička košer soli, razdeljena
- ¼ čajne žličke črnega popra
- 2 žlici svežega cilantra
- ¼ skodelice oliv Kalamata, narezanih na kocke
- ¼ skodelice zdrobljene fete
- Sesekljan svež peteršilj, za okras (neobvezno)

navodila:

Predgrejte cvrtnik na 380°F. Z vilicami naredite 2 do 3 luknje v krompirju, nato pa vsakega premažite s približno ½ žlice olivnega olja in ½ čajne žličke soli.

Krompir položite v košaro cvrtnika in pecite 30 minut. Odstranite krompir iz cvrtnika in ga narežite na pol. Z žlico postrgajte meso krompirja, pri čemer pustite ½-palčno plast krompirja znotraj olupkov, olupke pa postavite na stran.

V srednje veliki skledi zmešajte krompirjeve sredice s preostalima 2 žlicama olivnega olja, ½ čajne žličke soli, črnim poprom in cilantrom. Mešajte, dokler se dobro ne poveže. Krompirjev nadev razdelite na zdaj prazne krompirjeve lupine in jih enakomerno razporedite po njih. Vsak krompir prelijte z žlico oliv in fete.

Naložene krompirjeve lupine postavite nazaj v cvrtnik in pecite 15 minut. Postrezite z dodatnim sesekljanim koriandrom ali peteršiljem in po želji pokapajte oljčno olje.

Hranilna vrednost (za 100 g): 270 kalorij 13 g maščobe 34 g ogljikovih hidratov 5 g beljakovin 672 mg natrija

Artičoke in olivno pita somun

Čas priprave: 5 minut
Čas kuhanja: 10 minut
Obroki: 4
Težavnostna stopnja: enostavno

Sestavine:

- 2 polnozrnati piti
- 2 žlici oljčnega olja, razdeljeno
- 2 stroka česna, nasekljana
- ¼ čajne žličke soli
- ½ skodelice narezanih srčkov artičok v pločevinkah
- ¼ skodelice oliv Kalamata
- ¼ skodelice naribanega parmezana
- ¼ skodelice zdrobljene fete
- Sesekljan svež peteršilj, za okras (neobvezno)

navodila:

Predgrejte cvrtnik na 380°F. Vsako pito premažite z 1 žlico olivnega olja, nato po vrhu potresite sesekljan česen in sol.

Artičokine srčke, olive in sire enakomerno porazdelite med dve piti in oboje postavite v cvrtnik, da se peče 10 minut. Odstranite pite in jih pred serviranjem razrežite na 4 kose. Po vrhu potresemo peteršilj.

Hranilna vrednost (za 100 g): 243 kalorij 15 g maščobe 10 g ogljikovih hidratov 7 g beljakovin 644 mg natrija

Mini pecivo z rakovicami

Čas priprave: 10 minut
Čas kuhanja: 10 minut
Obroki: 6
Stopnja težavnosti: povprečna

Sestavine:

- 8 unč grude rakovega mesa
- 2 žlici na kocke narezane rdeče paprike
- 1 kapesanta, beli deli in zeleni deli, narezani na kocke
- 1 strok česna, mlet
- 1 žlica mletih kaper
- 1 žlica nemastnega navadnega grškega jogurta
- 1 jajce, pretepeno
- ¼ skodelice polnozrnatih krušnih drobtin
- ¼ čajne žličke soli
- 1 žlica oljčnega olja
- 1 limona, narezana na kolesca

navodila:

Predgrejte cvrtnik na 360°F. V srednje veliki skledi zmešajte rakovice, papriko, česen, česen in kapre, dokler se ne združijo. Dodajte jogurt in jajce. Mešajte, dokler se ne vključi. Vmešajte krušne drobtine in sol.

To mešanico razdelite na 6 enakih delov in jih razvaljajte v polpete. Pogačice iz rakov ločeno položite v košaro cvrtnika v eno plast. Vrhove vsake polpete namažite z malo olivnega olja. Pečemo 10 minut.

Odstranite rakove pogače iz cvrtnika in postrezite z rezinami limone ob strani.

Hranilna vrednost (za 100 g): 87 kalorij 4 g maščobe 6 g ogljikovih hidratov 9 g beljakovin 574 mg natrija

Feta rulade iz bučk

Čas priprave: 10 minut

Čas kuhanja: 10 minut

Obroki: 6

Stopnja težavnosti: povprečna

Sestavine:

- ½ skodelice fete
- 1 strok česna, mlet
- 2 žlici sveže mlete bazilike
- 1 žlica mletih kaper
- 1/8 čajne žličke soli
- 1/8 čajne žličke kosmičev rdeče paprike
- 1 žlica limoninega soka
- 2 srednji bučki
- 12 zobotrebcev

navodila:

Predgrejte cvrtnik na 360°F. (Če uporabljate nastavek za žar, se prepričajte, da je med predhodnim segrevanjem znotraj cvrtnika.) V majhni skledi zmešajte feto, česen, baziliko, kapre, sol, kosmiče rdeče paprike in limonin sok.

Bučke po dolžini narežite na 1/8-palčne trakove. (Iz vsake bučke mora biti približno 6 trakov.) Na vsako rezino bučke razporedite 1 žlico sirnega nadeva, nato jo zvijte in zataknite z zobotrebcem skozi sredino.

Bučkine rulade posamezno v eni plasti položite v košaro cvrtnika. Pečemo ali pečemo na žaru v cvrtniku 10 minut. Bučkine rulade vzamemo iz cvrtnika in pred serviranjem nežno odstranimo zobotrebce.

Hranilna vrednost (za 100 g): 46 kalorij 3 g maščobe 6 g ogljikovih hidratov 3 g beljakovin 710 mg natrija

S česnom pečen paradižnik in olive

Čas priprave: 5 minut

Čas kuhanja: 20 minut

Obroki: 6

Težavnostna stopnja: enostavno

Sestavine:

- 2 skodelici češnjevih paradižnikov
- 4 stroki česna, grobo sesekljani
- ½ rdeče čebule, grobo sesekljane
- 1 skodelica črnih oliv
- 1 skodelica zelenih oliv
- 1 žlica sveže mlete bazilike
- 1 žlica svežega origana, mletega
- 2 žlici olivnega olja
- ¼ do ½ čajne žličke soli

navodila:

Predgrejte cvrtnik na 380°F. V veliko skledo zmešajte vse sestavine in jih premešajte, da so paradižniki in olive dobro prekriti z oljčnim oljem in zelišči.

Mešanico vlijemo v košarico cvrtnika in pražimo 10 minut. Zmes dobro premešamo, nato pa pražimo še dodatnih 10 minut. Odstranite iz cvrtnika, prenesite v servirno skledo in uživajte.

Hranilna vrednost (za 100 g): 109 kalorij 10 g maščobe 5 g ogljikovih hidratov 1 g beljakovin 647 mg natrija

Crostini s kozjim sirom in česnom

Čas priprave: 3 minute

Čas kuhanja: 5 minut

Obroki: 4

Stopnja težavnosti: povprečna

Sestavine:

- 1 polnozrnata bageta
- ¼ skodelice olivnega olja
- 2 stroka česna, nasekljana
- 4 unče kozjega sira
- 2 žlici sveže mlete bazilike

navodila:

Predgrejte cvrtnik na 380°F. Bageto narežite na ½ cm debele rezine. V majhni skledi zmešajte olivno olje in česen, nato pa s čopičem namažite eno stran vsake rezine kruha.

Z oljčnim oljem premazan kruh položite v eno plast v košarico cvrtnika in pecite 5 minut. Medtem zmešajte kozji sir in baziliko. Toast odstranite iz cvrtnika, nato pa na vsak kos namažite tanko plast mešanice kozjega sira in postrezite.

Hranilna vrednost (za 100 g): 365 kalorij 21 g maščobe 10 g ogljikovih hidratov 12 g beljakovin 804 mg natrija

www.ingramcontent.com/pod-product-compliance
Lightning Source LLC
Chambersburg PA
CBHW050346120526
44590CB00015B/1581